柳 江/著

公共资源配置、交易效率与地区经济差距

GONGGONG ZIYUAN PEIZHI JIAOYI XIAOLü
YU DIQU JINGJI CHAJU

中国财经出版传媒集团
经济科学出版社
Economic Science Press

图书在版编目（CIP）数据

公共资源配置、交易效率与地区经济差距/柳江著. —北京：
经济科学出版社，2019.12
ISBN 978 - 7 - 5141 - 7016 - 0

Ⅰ.①公…　Ⅱ.①柳…　Ⅲ.①中国经济 - 研究　Ⅳ.①F12

中国版本图书馆 CIP 数据核字（2016）第 131442 号

责任编辑：杜　鹏　常家凤
责任校对：王肖楠
责任印制：邱　天

公共资源配置、交易效率与地区经济差距

柳　江/著
经济科学出版社出版、发行　新华书店经销
社址：北京市海淀区阜成路甲 28 号　邮编：100142
编辑部电话：010 - 88191441　发行部电话：010 - 88191522
网址：www. esp. com. cn
电子邮箱：esp_bj@ 163. com
天猫网店：经济科学出版社旗舰店
网址：http://jjkxcbs. tmall. com
固安华明印业有限公司印装
710 × 1000　16 开　10.75 印张　220000 字
2019 年 12 月第 1 版　2019 年 12 月第 1 次印刷
ISBN 978 - 7 - 5141 - 7016 - 0　定价：49.00 元
（图书出现印装问题，本社负责调换。电话：010 - 88191510）
（版权所有　侵权必究　打击盗版　举报热线：010 - 88191661
QQ：2242791300　营销中心电话：010 - 88191537
电子邮箱：dbts@esp. com. cn）

目　　录

第1章

导　　论

1.1　选题背景与研究意义

1.1.1　选题背景

对于任何一个国家而言，经济增长或者说经济发展始终是政府关注的重要目标之一，而无论是从经济增长还是经济发展的角度，地区经济之间的巨大差距始终是理论研究和政策实践中所要竭力避免的，地区经济的协调发展始终是国家经济发展的应有之意。自 1978 年实行改革开放以来，中国在政治、经济、社会等领域所取得的成就为世人所瞩目，尤其是在经济领域所取得的成就令世人惊叹。1978～2008 年中国 GDP 的年均增长率达到 9.82%，即使是在金融危机的冲击之下，2009 年中国的经济增长率（GDP）仍然达到了 9.1%（人均 GDP 增长率达到 8.6%）；同年，中国的 GDP 已经达到 340506.9 亿元，人均国内生产总值为 25575 元，按当年人民币汇率平均价计算①，折合 3743.96 美元，早已经步入中等收入国家行列，而且目前仍然保持了强劲的增长势头。正因为如此，中国经济改革 30 年来所取得的经济绩效被许多人称之为"中国奇迹"[1]。与此同时，我们也必须注意到，中国内部地区之间的经济差距无论是从经济总量还是经济增长速度上都表现出不断扩大的趋势，这必须引起我们的警惕。以 2009 年人均 GDP 衡量，收入最高的上海达到 78326 元/人，而贵州

_____

①　2009 年人民币汇率年平均价为：100 美元 = 683.10 元。

只有 10326 元/人，图 1 - 1 描述了 2009 年全国不同地区人均 GDP 的差异①，图 1 - 1 中所表现出的东部、中部和西部省份之间的差距一目了然，除了内蒙古之外的几乎所有西部地区省份的人均 GDP 都处在全国平均水平之下，而几乎所有的东部省份人均 GDP 都高高在上。这种差距不仅体现在绝对数量上，也体现在相对发展速度上，平均而言，东部地区表现出了更高的发展速度。这就意味着，这种地区之间经济差距的扩大可能并没有表现出缩小的态势，中国已经成为内部区域经济差距较大的国家之一。虽然像中国这样的发展中国家，地域广袤、人口众多，地理环境、资源禀赋、社会文化条件都有很大程度的差异，再加上国家不平衡的区域经济发展政策，这可能会导致地区间经济的不平衡发展。但如果放任这种地区经济差距的扩大，很可能在"循环累积因果关系"的作用下，导致差距扩大的速度加快。而过大的地区经济差距无疑不利于我们从中等收入国家迈向发达国家的步伐，甚至会和其他种种问题纠结在一起，导致我们陷入"中等收入陷阱"。因此，无论是从保证经济持续稳定发展，保证经济转型顺利完成，加快发展方式转变，还是从保障公平、使每个人都能充分享受经济改革成果的角度，地区经济差距问题都不容忽视。究竟是什么原因导致了不同地区经济增长绩效的差异？不同的因素在此过程中起到了怎

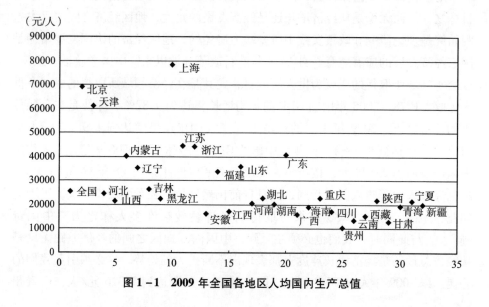

（元/人）

图 1 - 1 2009 年全国各地区人均国内生产总值

---

① 资料来源：中国国家统计局编. 中国统计年鉴 2010 ［M］. 北京：中国统计出版社，2011.

样的作用？未来我们依靠什么继续保持高速的经济增长并在增长中缩小地区差距？从中央政府和地方政府以及不同的经济主体的视角，为了缩小地区经济差距，我们应该采取怎样的措施，既能保证效率又能实现公平？这些问题，既涉及理论上的探讨，又涉及政策的研究和制定。

从理论研究的角度来看，对于地区经济差距的研究如同对中国经济增长奇迹的研究一样，吸引了越来越多的国内外学者的注意，产生的研究文献异常丰富。大量的研究从要素投入、制度变迁、市场化进程等众多的角度对中国的地区差距进行了解释，对理解中国的地区经济差距提供了很多有用的信息，但形成的统一认识并不多。越来越多的研究发现，中国并不是一个同质体，其内部区域之间的经济差距同其所取得的增长绩效一样引人注意。对地区差距的众多研究主要集中在对地区差距的描述和分解、是否存在收敛以及地区差距的成因等几个方面。得到实证研究支持的地区差距成因，大致可以被分为四类：要素投入及使用效率、经济结构、政策和制度因素、地理位置和历史因素。大量的文献考察了资本和劳动力流动、FDI、人力资本在各地区分布的差异、各地区的城市化程度、农村工业化程度、财政分权、公共支出、政策优惠、基础设施等因素对地区经济差距的影响（宋学明，1996[2]；林毅夫、蔡昉、李周，1998[3]；蔡昉、都阳，2000[4]；沈坤荣、马俊，2002[5]；魏后凯，2002[6]；林毅夫、刘培林，2003a[7]；王小鲁、樊纲，2004[8]；万广华、陆铭、陈钊，2005[9]；许召元、李善同，2006[10]；付文林、沈坤荣，2006[11]；郭庆旺、贾俊雪，2006[12]；张军、高远、傅勇等，2007[13]；等）。其中，近年来，从财政分权的视角解释中国的经济增长越来越受到重视（张涛、邹恒甫，1998[14]；林毅夫、刘志强，2000[15]；陈抗、Arye L. Hillman、顾清扬，2002[16]；张晏、龚六堂，2005[17]；傅勇，2007[18]；Qiao, Jorge Martinez-Vazquez and Xu，2008[19]；丁菊红、邓可斌，2009[20]；范子英、张军，2009[21]；等）。这一视角对理解地区经济差距同样具有重要的价值，但从这一视角出发还需要更深入细致地分析才能对地区经济差距问题有更好的理解。

尽管上述在新古典增长理论基础上分析地区差距成因的研究为我们提供了许多有用的信息，遗憾的是大都没有深入阐述各类因素对地区差距的作用机制，也不能够在一个统一的框架下对中国的经济增长和地区差距做出解释。以林毅夫为代表的"发展战略说"（林毅夫，2002a[22]、2002b[23]；林毅夫等，2003a[7]、2003b[24]、2004[25]）是把地区差距的形成机理阐释得最清楚和最透彻的一个理论。林毅夫等不仅通过实证研究检验了这一假说，还对发展战略以怎样的机制通过各种途径影响不同地区的资本积累、技术进步和技术使用效率的提高，进而促成了的地区经济发展的差距，做出了理论解释。

尽管林毅夫的理论可以在一个逻辑一致的框架内解释很多现象，可以对许多问题提供很有见地的看法，并对新古典增长理论提出批评，但是仅仅从发展战略这一个视角，并不能充分解释和回答改革开放以来中国地区差距的许多现象和问题（张吉鹏、吴桂英，2004）[26]。例如，为什么各地区都采取了同样的赶超型发展战略却对不同地区产生了不同的影响？改革以来各地区都对他们的产业结构进行了积极调整，发展符合本地比较优势的产业，但是为什么地区差距仍然呈现出持续上升的趋势？这一系列问题仍然需要作进一步的分析。

已有的研究中，有一个问题始终没有得到充分的重视，即各地区在经济发展过程中所表现出来的交易效率的差异以及交易效率在不同地区的不同表现所导致的经济增长绩效的差异。从亚当·斯密到杨格、杨小凯都注意到了交易效率、分工演进与经济增长的重要联系。杨小凯也注意到中国在实行家庭联产承包责任制后，交易效率的变化所带来的经济增长的巨大变化。那么，在经济转型以来长达30多年的高速经济增长过程中，交易效率的变化情况如何，它们在中国的经济增长以及地区经济的发展中又起到了怎样的作用？对于这些问题的思考和探索，无论是从理论上还是从政策实践上，无论是从促进中国经济继续保持高速增长还是从迅速缩小地区经济差距的角度，都是极为有益的。因此，在这样一个背景下，本书试图从交易效率这样一个视角来阐释中国的经济增长和地区经济差距，并在此基础上探讨中国缩小地区经济差距的可能途径。

1.1.2　研究意义

经济发展过程中的地区差距之所以广受关注，除了对不平等的关怀几乎是所有道德哲学的共有特征以外，还因为它在理论和现实意义上的重要性。

从现实的角度看，首先，不断扩大的地区差距对于中国未来的经济增长和经济发展的可持续性提出了挑战。其次，地区差距对于理解中国的收入差距来说非常重要。已有研究发现，无论是全国还是农村内部和城市内部，地区差距都是非常大的。地区经济差距和收入差距交织在一起，理解收入差距就必须理解地区差距，缩小收入差距也必须缩小地区差距。再次，从理论上看，中国的案例可以为经济增长理论、新经济地理学、发展经济学和转轨经济学提供天然的实验，并且更一般的是，有助于我们认识造成不同经济体间经济绩效差异的原因是什么。最后，从政策含义看，准确度量差异并找出造成差距的真正原因，透彻理解各种因素对地区差距形成的作用机制，是客观评价改革的成果与问题的必要内容，也是选择并实施切实有效的经济政策的理论基础。

从理论研究的角度看，从交易效率的视角研究经济增长和地区经济差距是一个相对比较新的领域，是对经济增长理论的有益补充。亚当·斯密早就注意到交易效率对于分工演进、经济增长的重要意义，但是由于分析工具的限制，交易效率、分工逐渐淡出了主流经济学的视野，而随着新兴古典经济学的兴起，它们才重新成为分析经济问题和现象的有力工具。

1.2 研究思路与研究内容

1.2.1 研究思路

本书遵循逻辑实证主义的分析方法，首先对交易效率思想的发展进行理论梳理，对影响交易效率的各个层面进行了分析，其次建立了度量交易效率的指标体系并对全国和各地区的交易效率状况进行了测算和评价，这是我们从交易效率角度研究中国的经济增长和地区经济差距问题的出发点。在此基础上，本书从要素投入、技术进步、交易效率提高等方面分解了中国经济增长的源泉，探索交易效率的变化对中国经济增长的重要意义，随后从地区层面研究了交易效率的变化对于地区经济差距的重要意义，并借助于中国经济转型时期的省级面板数据样本进行了经验检验。从交易效率的角度研究地区经济差距还有一个重要的问题是，究竟是什么导致了不同地区之间交易效率的相对差距和变化？因此，本书随后从公共资源配置效率的角度研究了不同地区公共资源配置效率的差异。最后总结了本书的主要结论并探讨了其政策内涵。

1.2.2 研究内容

本书在借鉴已有研究成果的基础上，考察中国交易效率的变化，并从交易效率的角度研究中国经济增长和地区经济差距形成的内在原因，以及地区公共资源配置方式的差异所导致的效率损失进而导致的交易效率的差异。主要的研究内容包括：

第 1 章为导论，主要说明选题的背景和研究的意义，研究思路与研究内容，研究中使用的主要方法以及文章可能的创新之处。

第 2 章对近年来关于中国地区经济差距研究的文献进行了综述，在此基础上对 1978～2008 年我国地区经济差距的演变进行了分析。中国地区经济差距的变化与中国这三十年的高速增长一样引人注意，导致了大量研究文献的产生，这些文献主要是在新古典经济增长模型的框架下考察了地区经济差距变化的态势和导致地区经济差距扩大的原因。然而地区之间交易效率的变化及其作用没有被纳入已有的研究框架。在本章中，第 2.1 节梳理了地区经济差距的研究文献，归纳了理论和实证研究中发现的地区经济差距扩大的成因，并进行了述评。第 2.2 节借助于泰尔指数，我们对中国 1978～2008 年地区经济差距的发展和演变进行了检验。对中国地区经济差距的真实判断是我们进一步研究的基础。

交易效率的思想产生已久，因此，第 3 章对交易效率思想的渊源与演进进行了梳理。在斯密定理中，交易效率起到了重要的作用，然而由于数学处理工具等条件的限制，逐渐淡出了主流经济学的思想，直到新兴古典经济学才引起重新重视。本章第 3.1 节回顾了交易效率的思想渊源与历史演进；第 3.2 节对运输成本、交易成本和交易效率之间的关系进行了探讨，目的在于从成本的角度厘清交易效率对于经济发展的重要意义；第 3.3 节论述了新兴古典经济学对于交易效率的认识，以及其研究中与交易效率有关的成果，在新兴古典经济学的框架中，交易效率和分工发展能够有效地解释贸易分工、城市化、工业化的发展。

第 4 章衡量了中国和各省份的交易效率。利用统计指标分析等研究方法，我们构建了衡量交易效率的指标体系，计算了 1978～2008 年中国交易效率综合指数和各省份的交易效率指数。第 4.1 节描述了中国交易效率的变化和表现；第 4.2 节从理论上分析了中国交易效率提高的源泉；第 4.3 节从六个维度衡量了中国交易效率的变化，并进行了纵向比较分析，借助于基本相同的统计指标体系；第 4.4 节计算了 1978～2008 年各省份的交易效率指数，在横向比较分析中刻画了各地区交易效率的相对变化特征。由计算出来的交易效率综合指数可以看出，中国的交易效率与中国的经济增长一样处于迅速提高过程中，然而需要引起我们思考的是，这种提高的主要动力是什么，这种提高是否具有可持续性。从地区之间交易效率的比较可以看出，交易效率的地区表现和经济增长的地区表现一样具有差异性。经济发达的地区也是交易效率较高的地区，或者说，交易效率更高的地区也是经济更发达的地区。

接下来的问题是，交易效率对经济增长是否具有促进作用，这种作用有多大，还是恰恰相反。问题的答案不仅关系到经济转型以来中国经济增长的速度和质量，也关系到中国经济增长的可持续性问题。这是我们在第 5 章开展的工作。第 5 章我们实证检验了交易效率对中国经济增长的促进作用。从探索中国经济增长源泉的角度入手，第 5.1 节分析目前对于中国经济增长源泉的讨论，并进行了简单的述评；第 5.2 节从理论上对中国经济增长的源泉进行了分析；第 5.3 节在理论分析的基础上对中国经济增长的源泉进行了经验检验。结果证明了我们最初的分析，交易效率的变化是中国经济增长的重要动力。当然我们也注意到了，要素的投入和积累依然是中国经济增长的最主要动力，中国的经济增长所表现出的依赖要素投入尤其是资本投入拉动的特征促使我们必须认真考虑转变经济发展方式的重要性和紧迫性。

第 6 章探讨了交易效率与中国地区经济差距问题，这是我们所关心的核心问题。对于地区经济差距的成因探讨是所有有关地区经济问题的研究文献中不可回避的问题。因此，第 6.1 节回顾了已有研究，分析总结了已有文献对于这个问题的不同观点；第 6.2 节描述了各种不同因素在地区经济增长中的变化和作用；在定性分析的基础上，第 6.3 节借助于省级面板数据进行了定量检验。检验的结果告诉我们，在不同地区不同时段，交易效率改善的速度和对经济增长的不同影响构成了东部地区和中西部地区在经济增长上差距不断拉大的重要原因。

在交易效率的影响层面和构建的指标体系中，我们注意到基础设施、公共服务等对于交易效率所具有的重要意义，这促使我们思考政府在提供这些公共产品和公共服务的效率和偏好问题。因此，在第 7 章我们从公共资源配置的角度分析了不同地区的差异。而这种公共资源配置效率的差异从结果上看，会导致不同地区交易效率的差异从而导致经济表现上的差异；从原因上看，公共资源配置方式是导致不同地区具有不同公共资源配置效率的重要原因。这一点在经验检验中也得到了证实。

第 8 章，总结了全书的主要结论，探讨了相应的政策内涵。

最后对本书的不足和进一步研究的方向做了展望。

1.3　研 究 方 法

本书是在经济增长理论和新兴古典经济学理论的指导下分析中国的地区经济差距问题，研究中使用的方法主要如下。

第一，逻辑实证主义方法。作为一种分析方法，逻辑实证主义的实质是"具体—抽象—具体"的研究过程，一般按照提出分析框架—形成假说—经验检验—应用分析的顺序展开分析，它试图揭示科学知识与现实感觉、现实经验的逻辑关系，用现实资料证实科学知识从而增加科学知识对现实的解释力度。提出分析框架、形成假说就是从具体到抽象，而经验检验、应用分析则体现了从抽象到具体的过程。由此可见，逻辑实证主义和"具体—抽象—具体"的研究方法具有内在的一致性。在本书中，我们从交易效率内涵入手，提出了交易效率对经济增长的重要意义，然后借助于相应的统计指标体系，实证检验了中国交易效率的变化及其对经济增长的影响。

第二，统计分析方法。统计分析方法是使用比较广泛的分析方法，它是以客观事物的数量关系和数量特征为基础进行数据收集、整理、归纳和分析的方法。本书中运用统计分析方法，构建了交易效率指数，收集了大量的数据，从不同的层面对中国以及各省份的交易效率状况进行了衡量和评价分析。

第三，比较分析方法。比较分析方法是利用某些具体指标对不同对象或者同一对象的不同时期进行具体分析，具体分为纵向比较分析和横向比较分析，是经济学研究中常用的一种方法。纵向比较分析是以时间为参照，比较某一对象或某一具体问题在不同时间所表现出的不同性质和特点，本书在计算出1978~2008年中国交易效率的综合指数后对其历年的变动状态和趋势特征进行了纵向比较分析；相比之下，横向比较分析以空间或区域为参照系，比较某一对象或某一问题在不同国家或地区所表现出的相同性质和特点或不同性质和特点，本书在计算了各省份的相对交易效率指数后，对各个年份不同地区的交易效率的特征及差异进行了横向比较分析。

第四，归纳推理的方法。归纳推理和演绎推理是经济学研究中两种基本的推理方法，本书中主要使用了归纳推理的研究方法。归纳推理是以具体的现象或事实为出发点，经过综合和概括，认识和把握社会经济活动及其一般规律，其一般过程是：首先对客观事实进行大量的观察，以观察到的结果为基础上进行归纳推理；其次总结形成规律然后上升到一般理论；最后把规律和理论与观察到的事实进行比较和验证。本书对中国经济增长的事实进行了大量的观察，认真分析了经济转型过程中的特征事实，总结了中国经济增长的源泉，最后从全国和各地区两个层面进行了检验。与归纳推理相对的演绎推理则是从一些抽象的和简单的假定或公理出发，分析揭示社会经济活动的本质，把握其运动和趋势，从而再现其丰富的具体内容。

1.4 本书可能的创新之处

在已有文献的基础上，本书可能在以下三个方面有一些边际意义上的推进。

第一，从古典经济学、新兴古典经济学的视角入手，对交易效率的内涵和外延进行了更为明确的分析。尽管在亚当·斯密的经典著作中就已经提出了"交易效率"的思想雏形，直至杨小凯借助于"冰山交易成本"提出了交易效率的概念，但一直缺乏对其内涵和外延的详细讨论，本书从交易效率思想的渊源与演进入手，较为系统地讨论了交易效率的意义。

第二，构建了一个衡量交易效率的综合指标体系，并测度了中国及各地区的交易效率。对于中国及各地区交易效率的核算，已有文献鲜有涉及，少数的几个文献对于中国交易效率的测算只是计算了在一个相对较短的时间内的交易效率值，缺少对交易效率历年变化情况的统计，而且使用的指标体系也不够全面和客观，不足以反映交易效率的各个层面。同时，现有文献对于交易效率的研究主要是从全国层面上对交易效率值进行简单估计，既缺少对时间序列上的纵向比较，更缺少以各地区为研究对象而展开的交易效率状况的测度与差异上的比较，缺少地区之间的横向比较。本书在清晰界定交易效率的影响层面的基础上，构建了测度交易效率的综合指标体系，对中国以及各地区 1978～2008年的交易效率进行了核算，并对其特征进行了比较和考察。计算的结果应该更全面也更客观。

第三，依据 1978～2008 年的省级面板数据，对中国的经济增长与交易效率、各地区经济差距与交易效率的问题进行理论解释和经验检验。已有的文献中，不论是关于中国的经济增长源泉的讨论还是关于中国日益扩大的地区经济差距的思考，都很少涉及交易效率的变化，更多是从要素投入、全要素生产率的变化以及制度等视角展开。本书从交易效率的理论探讨入手，构建了交易效率的综合指标体系，并计算了中国以及各省份 1978～2008 年的交易效率，这就为我们进一步研究交易效率在经济增长中的作用提供了可行性。在此基础上，本书借助于 1978～2008 年全国的时间序列数据和 1978～2008 年的省级面板数据，对中国的经济增长与交易效率、各地区经济差距与交易效率的问题进行了理论解释和经验检验。

1.5　本书的框架结构

本书框架结构如图 1-2 所示。

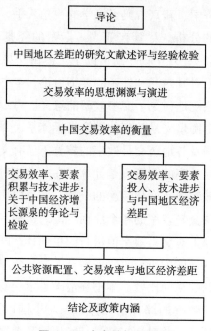

图 1-2　本书的框架结构

第2章

中国地区经济差距研究的
文献述评与经验检验

关于中国地区经济差距问题，有两个问题始终吸引着众多的注意力：一是中国地区经济差距的演变及其发展趋势；二是中国地区经济差距的形成原因。改革开放30多年以来，围绕着中国地区经济差距的方方面面，形成了异常丰富的研究文献。因此，本书首先详细梳理与我们这个研究主题相关的已有文献；其次对我国自1978年以来的地区经济差距进行度量和分解。这是我们展开进一步研究的理论和经验基础。

本章第2.1节从对地区经济差距的描述分解以及地区经济差距的形成原因两个角度，对已有的研究文献进行详细梳理，并进行必要的述评。通过梳理可以发现，借鉴已有的经济增长理论，中国的地区经济差距在收敛框架下得到了较好的研究，但是关于各地区交易效率的变化及其对经济增长的贡献的研究还很少。本章第2.2节运用泰尔指数对中国1978年以来地区经济差距的变化进行了度量和分解，这是我们进一步研究的现实基础。与已有文献不同的一个结果是，发现自2003年以来中国地区经济差距可能已经出现了缩小的趋势，同时西部地区内部出现了"群体趋异"的趋势。这要求我们进一步追问变化的原因以及如何才能向更好的趋势加速前进。

2.1 中国地区经济差距的理论与经验检验：文献综述

中国经济改革以来所取得的经济绩效被许多人称之为"中国奇迹"[1]，然而越来越多的研究发现，中国并不是一个同质体，其内部区域之间的经济差距同其所取得的增长绩效一样吸引了越来越多的注意力，继而产生了大量的研究成果。刘夏明等（2004）[27]，张吉鹏、吴桂英（2004）[26]，谭小芬、李翀（2004）[28]等，对2004年之前的研究文献进行了综述，而在此之后的大量研究还没有人进行过认真的梳理。

　　基于此，本节主要对2004年之后研究中国地区经济差距的主要文献进行综述，首先，综述了对中国地区经济差距的描述和分解的最新进展；其次，对基于中国数据的收敛假说检验进行综述；再次，探讨了地区经济差距的形成原因；最后，对现有文献的述评和思考。

2.1.1　对地区经济差距的描述和分解

　　对地区经济差距进行描述和分解是2004年之前文献的主要工作之一，尽管使用的指标和分解方法有差异，但对于中国地区经济差距的描述和分解是分歧最少的，大部分研究认为，改革开放以来，中国地区经济差距呈现先短暂下降，从20世纪80年代中后期开始持续扩大的"U"形的变化过程。所争论的只是确切的"U"形的谷底年份和不平等指数的大小，大部分认为是在1984年左右，也有的认为是20世纪80年代末期，依测度方法和数据使用的差异而略有不同（张吉鹏、吴桂英，2004）[26]。

　　2004年之后的文献大多认为1990年是拐点（石磊、高帆，2006[29]；许召元、李善同，2006[10]；刘夏明等，2004[27]；管卫华等，2006[30]）。Kanbur和Zhang（2005）使用GINI系数和GE（广义熵）系数对于中国50年来地区差距的变化做了回顾，发现当前的地区差距早已处于新中国成立以来最严重的上升通道运行。过去的50多年来，中国的地区差距曾经有过农业危机、改革开放前夜两次高峰，目前仍处于第三次高峰的上升阶段，而且其严重程度远远超过历史记录（与1960年相比，2000年的GINI系数高出了16%）。具体到改革开放以来的这段时期，地区差距经历了近10年的下降时期，然而自1987年以来，地区差距总体上始终处于扩大区间，地区发展不平衡在加剧之中；并且从1998年开始，地区差距的扩大还出现加速的趋势，似乎成为地区分化的一个拐点[31]。这种态势颇为令人担忧。对此，Démurger（2001）[32]以及王小鲁、樊纲（2004）[8]等国内外学者也发现了大量类似证据。仍然以基尼系数为指标，石磊、高帆（2006）实证讨论了中国31个省份1978～2004年地区经济差距的演变及其结构性原因。他们认为，以1990年为拐点，地区经济差距有一个先缩减、后增加的"U"形变化轨迹，1978～1990 年的差距缩小主要源于东部高收入地区的内部收敛，而 1990～2004 年的差距扩张主要源于中部中等收入地区和东部高收入地区的省际发散[29]。许召元、李善同（2006）通过分析基尼系数认为，1990 年是 1978～2004 年地区经济差距由缩小到逐渐扩大的拐点，但自 2000 年起，扩大的速度有所减慢，2004 年出现差距缩小的现象，地区间条件收敛的速度为 17.6%[10]。

　　在中国地区经济差距的经验分析中，还必须回答这样的一些问题：中国地区经济差距及其变化主要是来自哪些方面？是主要来自某些区域内部经济差距的变化还是主要来自区域之间经济差距的变化？在这些问题上，已有的研究结论基本是一致的：中国地区差距扩大主要来自东部、中部和西部三类地区之间的差异。① 与整体地区差距先降后升不同，地区间差距自从改革开放以来就一直处于持续上升的通道。进行地区经济差距的分解的主要方法包括绝对差距和相对差距指标两类，相对差距指标包括基尼系数、泰尔指数、变异系数和广义熵指数等，由于在可分解性等方面具有的优势，泰尔指数和基尼系数成为更常用的指标。通过把泰尔指数（theil entropy）进行分解（全国整体的人均国内生产总值地区差异具体地分解为东部地区省际差异、中部地区省际差异、西部地区省际差异，以及东部、中部和西部三类地区之间的差异），蔡昉、都阳（2000）发现，在全国的总体地区差异中，东部、中部、西部三类地区之间人均国内生产总值差异对全国整体地区差异的贡献份额很大，且呈现出明显的提高趋势，从 1978 年的 30.95% 连续提高到 1998 年的 56.29%。由此，在中国的地区经济增长中，落后地区并没有显示出追赶效应。[4] 实际上，中国地区经济增长的一种"俱乐部趋同"特征被不少的学者确认，即东部、中部和西部地区分别形成彼此可以识别开的"俱乐部"，并在内部形成趋同趋势，在新古典的收敛框架中得到了充分的讨论（蔡昉、都阳，2000[4]；王小鲁、樊纲，2004[8]；沈坤荣、马俊，2002[5]；林毅夫、刘培林，2003[7]；陈秀山、徐瑛，2004[33]）。黄涛等（2006）考察了我国 1991～2002 年人均 GDP 基尼系数逐步上升的变动趋势，其主要的经验研究结论有两个：一是东部、中部、西部的人均GDP 分布差异占到了全部省份分布差异的 70% 以上，在 1996 年以后更稳定在80% 左右；二是利用人均 GDP 指数和基尼系数将全国各省份划分为四个区域，

---

　　① 很显然，城乡差距也是地区经济差距研究的主要内容，而且已有研究都证明，在中国地区经济差距中城乡差距占了相当大的比重。但本书主要研究的是以中国大陆地区 31 个省份（不包括香港地区、澳门地区、台湾地区）为基本单元的区域之间的差距，所以对中国城乡之间的差距研究不做述评。

即"均衡领先型""不均衡领先型""均衡落后型""不均衡落后型"[34]。① 这种区域的划分对于一个省份考虑发展道路时有一定参考价值。

可以看出，不论是 2004 年之前的研究，还是最新的研究进展，对我国地区经济差距的现状及发展趋势已经取得了一定的共识，已有文献基本都认可我国不同地区之间的经济差距正在扩大，从而越来越多的注意力转移到对地区经济差距形成原因的探索，这种探索更多的是从增长的视角进行的。大量的经验研究在检验我国经济是否收敛的同时，也探讨了地区经济差距的成因。当然，我们也应该注意到，这种地区经济差距扩大趋势也引起了政府的注意，并在进入 21 世纪的时候从政策层面进行了纠正，而这种纠正所带来的后果需要几年的时间才能显现，由于时滞的存在，这些政策的作用可能并没有为前期的文献所注意到。

2.1.2　收敛假说检验的新进展

对经济增长收敛性的研究主要基于三种思路：新古典理论、新增长理论以及新古典与新增长相结合的理论。国内文献对于我国地区间增长收敛的研究大多基于新古典收敛理论，在 Barro 方程法或 MRW 框架下，通过实证分析检验我国地区经济增长是否存在条件收敛或俱乐部收敛，或者对我国地区间经济增长的收敛机制进行考察。

收敛文献中一般区分三种收敛：绝对 β - 收敛、条件 β - 收敛（简称条件收敛）和 σ - 收敛。新古典经济增长理论假设资本报酬递减，因而如果经济拥有相同的经济结构（储蓄率、人口增长率以及折旧率），落后经济将与发达经济拥有相同的稳态水平，绝对 β - 收敛就是指每一个经济体的收入都会达到完全相同的稳态增长速度和增长水平。条件收敛考虑了经济体各自不同的特征和条件，表示每个经济体都在朝各自的稳态水平趋进，这个稳态水平依赖于经济体自身的特征，因此，即使存在条件收敛也并不意味着经济体之间的绝对收入

---

① 区域 A，"均衡领先型"：在这个区域内表示该省份的经济发展水平高于全国平均水平，同时经济发展不平衡程度低于全国水平，是最为理想的发展区域。区域 B，"不均衡领先型"：在这个区域内表示该省份的经济发展水平高于全国平均水平，但经济发展不平衡程度高于全国水平，表示总体经济发展良好，但内部地区经济发展不太平衡，优秀者突出，将落后者抛离较远。区域 C，"均衡落后型"：在这个区域内表示该省份的经济发展水平低于全国平均水平，而经济发展不平衡程度低于全国水平，表示总体经济发展在全国属于落后地位，但发展较为均衡，内部地区差异相对不大。区域 D，"不均衡落后型"：在这个区域内表示该省份不仅经济发展水平低于全国平均水平，而且经济发展不平衡程度还高于全国水平，表示总体经济发展在全国属于落后地，同时内部地区差异还比较大。

水平会趋同。简而言之，绝对 β - 收敛和条件收敛都是向稳态水平趋进，区别在于绝对 β - 收敛中所有经济体的稳态水平都是相同的，而条件收敛中经济体具有不同的稳态水平；因而绝对 β - 收敛表明所有经济体的人均收入最终都会相同，条件收敛表明经济体之间的收入差距会持久存在。σ - 收敛分析经济体收入水平的标准差的分布状况，标准差随时间逐渐减小就是 σ - 收敛。存在 σ - 收敛表明经济体的收入水平越来越接近，收入差距越来越小。σ - 收敛和绝对收敛都属于绝对收敛概念（Quah，1996[35]；蔡昉、都阳，2000[4]）。

从经验研究角度看，一些以世界各国 1960 ~ 1985 年增长经历为对象的经验研究拒绝了绝对收敛假说，而在更为同质的经济体集团中，如 OECD 各成员、美国本土各州、日本各县以及世界上最贫穷的十多个国家中，发现了较为完美的绝对收敛（例如，在美国各州之间存在 2% 的收敛速度）（Barro，1991[36]；Barro & Sala-I-Martin，1992[37]；巴罗和萨拉伊马丁，2000[38]）。借用以上的分析框架，许多学者对中国地区经济是否存在收敛进行了经验检验。2004 年以来，基于这些框架的主要研究结论包括：董先安（2004）认为，1978 ~ 1984 年，我国地区经济增长存在显著的条件收敛，20 世纪 90 年代以来存在"俱乐部收敛"，地区间条件收敛的速度为 9.8%[39]。彭国华（2005a）认为，全国范围内没有绝对收敛，只有条件收敛，省际收入条件收敛的速度为 7.8%。三大地区中只有东部地区存在俱乐部收敛现象[40]。随后，彭国华（2006）利用最大主成分分析法检验地区增长收敛的强弱，认为 1978 年以来东部地区的收敛性变强，而全国范围以及中部、西部地区的收敛性变弱[41]。赵伟、马瑞永（2005）认为，总体来看中国经济增长在 1978 ~ 1989 年表现出了显著的收敛性，1989 ~ 2002 年表现出了发散性，1978 ~ 2002 年总体上又存在一定的收敛性[42]。许召元、李善同（2006）认为，1990 年以来中国的地区经济增长（以不变价人均 GDP 增长速度表示）存在显著的条件收敛性，收敛速度约为每年 17.6%[10]，尽管采用数据的时期不同，这个结论与 Slyvie Démurger（2001）[32]、林毅夫等（2003）[7] 和彭国华（2005a）[40] 的研究类似，收敛速度的大小与 Slyvie Démurger 和林毅夫的结论类似。

不同的结论包括：徐现祥、李郁（2004）认为，20 世纪 90 年代以来的城市增长存在绝对收敛，并且沿海与内地城市间差距不大，也未呈现差异扩大的趋势[43]。石磊、高帆（2006）认为，1978 ~ 2004 年东部地区存在显著的"俱乐部收敛"[29]。滕建州和梁琪（2006）发现，中国东部地区随机收敛于其补偿差异均衡水平，而中部和西部地区则随机发散[44]。彭国华（2005b）从部门的角度进行了分解，发现部门内劳动生产率的增长对省份劳动生产率增长的贡献达99%，部门间劳动力份额变化的贡献只有1%，从部门总效应来看，工业和其他第三产业对省份劳动生产率增长的贡献达75%。分析表明，中国省份经济增长有显著的发散，发散的87%来源于工业和其他第三产业。但是部门之间显示出了很强的异质性，农业、工业、交通运输仓储邮电业和其他第三产业是微弱发散的，而批零贸易餐饮业则显示出了微弱的收敛趋势[45]。但朱发仓、苏为华（2006）利用1985～2003年6大行业的动态面板数据研究发现，除中部的工业外，其余各行业在3大地区都存在收敛性，其原因是各个地区利用比较优势发展战略的结果[46]。有别于以上的静态分析，张茹（2008）从动态视角验证了地区间经济收敛的阶段性和区域性，结论是，1978～1990年地区绝对收敛趋势显著，西部和内陆地区的收敛速度快于东部和沿海地区。而1990～2005年地区经济增长趋于发散，东部和沿海地区的发散速度大于中西部和内陆地区。通过控制一系列结构变量（投资效率、人力资本、技术水平、政府作用、所有制结构），地区间存在条件收敛，收敛速度大约为每年2.2%。并且东中西部地区内部以及沿海、内陆地区内部均存在显著的俱乐部收敛[47]。

条件收敛现象虽然承认了经济体可以收敛到不同的稳定状态，但无法解释许多期初经济发展水平接近和经济结构特征相似国家（地区）的经济增长路径大相径庭的现象（Carter and Barrett, 2006）[48]。同时，一旦经济增长过程表现出非线性特征，基于线性模型的设定偏误，条件收敛所得到的估计结果是不稳键的[49]。这使得多重均衡理论越来越受到经济学者的关注。① 彭方平等（2007）应用动态门槛面板数据模型的研究表明，我国经济增长具有明显的多重均衡现象。当人均收入低于1007元时，经济处于低水平陷阱。一旦突破低收入门槛，在同样的收入状态里省份经济增长率趋向收敛；较高收入状态的省份收入收敛速度快于较低收入状态的省份[50]。

对于收敛假说的研究，一个引起越来越多注意的问题是新古典增长模型和内生增长模型在处于经济转型期的中国的适用性问题，尤其是新古典增长模型所依赖的规模报酬不变和边际收益递减的假设在中国各省份是否成立？已有研究中，无论是新古典增长理论还是内生增长理论，都假定了资本存量的增加快于劳动力的增长。但中国的经济增长是否能够满足这一前提条件呢？沈坤荣、

---

① 多重均衡理论认为，在一个非线性系统里，系统的动态路径依赖于前期状态变量所处的水平，在不同状态水平下，经济系统有不同的均衡水平，一旦状态变量突破某一门槛（threshold），经济系统行为将会发生突变，从而变换到另一个均衡水平。

唐文健（2006）认为，处于转型中的二元经济，劳动力的大规模转移会使新古典收敛机制失去作用，原因在于劳动力增长可能会快于资本增长，资本边际收益不一定是递减的[51]。这意味着索洛收敛机制在中国并不存在（刘强，2001）[52]，但是由于转型经济所存在的政府替代市场进行资源配置使经济具有制度上的收敛机制。如果没有大规模的劳动力转移，经济将像新古典经济理论预言的那样直接收敛；相反，如果存在大规模劳动力转移，经济收敛有可能出现先发散后收敛的趋势，呈现出倒"U"形动态特征。对中国数据的实证检验表明，从 1978 年到 20 世纪 90 年代前期，由于劳动力转移规模较小，政府配置资源的收敛效应较大，中国经济增长处于第一种收敛趋势之中；90 年代中后期由于转型速度的加快和劳动力转移规模的加大，经济增长是发散的。但是，依据工资产值，1998 年可能是经济增长由发散转向收敛的"拐点"。

　　与传统的计量方法①相比，空间计量方法弥补了过去忽视经济增长过程中地理效应的作用，考虑了区域之间经济增长的空间依赖，这种空间自相关和空间异质性在地区层面的经济增长分析中更应该引起重视。吴玉鸣和徐建华（2004）运用空间统计学方法和时空数据（panel data）模型发现，中国省域经济增长具有明显的空间依赖性，在地理空间上存在集聚现象，经济增长因素在地理空间上的非均衡集聚导致了迥然不同的区域经济增长格局[53]。但是经济增长的空间集聚性明显增强并不意味着地区经济增长是发散的，林光平等（2005）采用空间经济计量方法，分别采用地理空间权重矩阵和经济空间权重矩阵对各省份间的空间滞后和空间误差模型进行了实证分析，认为 1978 年以来我国地区之间经济存在收敛的趋势，但收敛的速度越来越慢[54]。吴玉鸣（2006）利用空间误差模型也证明考虑空间自相关的影响后，中国省域经济增长存在收敛趋势[55]。张晓旭、冯宗宪（2008）使用探索性空间数据分析（ESDA）发现改革开放以来，中国各地区人均收入空间分布的变化，主要是由于东部沿海地区的收入迅速提高引起的，这表明正的空间自相关以及空间异质性是存在的，而且空间上的相互作用和地理位置对于地区人均收入增长的作用随时间加强；在考虑了空间自相关的情况下，中国经济地区增长存在收敛的趋势。[56]②

---

　　①　包括经典的横截面回归方法、时间序列方法和面板数据分析方法。
　　②　该文运用三种不同的空间经济计量模型研究了中国各省份人均 GDP 增长的收敛性。结果表明，空间自回归模型和广义空间模型不能正确拟合中国省级地区增长数据，而空间误差自回归模型能够满意地解释中国省级地区经济增长，这表明地理位置的影响尽管对各地区的经济增长造成了深刻的影响，但并没有改变地区经济增长的收敛趋势。

2.1.3　地区差距形成原因的理论解释

地区差异的成因是所有研究文献或多或少都不可避免要回答的问题，也是目前研究中争论最大的问题。不论是提供经验主义的解释还是进行了统计上的检验，都试图对地区差距的形成原因提出各种各样的解释。在文献中，许多因素被认为是造成中国地区差距的原因。主要有以下方面。

（1）要素的投入。早期的增长核算文献①认为地区收入差距是包括物质资本积累或人力资本在内的投入要素的差异造成的。蔡昉、王德文和都阳（2001）通过构造比较劳动生产率指标，研究了劳动力因素对地区差异的影响[57]。胡鞍钢和熊义志（2000）讨论了知识因素在地区差距中扮演的角色[58]。樊纲、王小鲁（2004）认为，我国东部沿海地区和中西部内陆地区之间，在经济发展水平上的持续扩大的绝对差距和相对差距主要是由于生产率的差别以及由此引起的资本流动所导致[8]。类似的，万广华、陆铭、陈钊（2005）发现资本是导致地区间收入差距最为主要且日益重要的因素[9]；姚枝仲、周素芳（2003）从理论上论证了劳动力流动缩小地区差距的决定性作用，而经验分析表明，劳动力流动对缩小中国地区差距确实发挥了一定的作用[59]。陈秀山、徐瑛（2004）根据我国区域经济差距变动的情况，将1970~2002年划分为三个阶段，分阶段研究了不同时期区域差距形成过程中起主导作用的影响因素，他们认为投入要素是重要因素，其次，要素配置效率（市场化程度）、要素使用效率、空间格局变动也在不同时期的起到不同的作用[33]。但李静等（2006）采用 Hall 和 Jones（1999）、Easterly 和 Levine（2001）的方法，利用中国1952~2002年的数据进行了分析，认为东中西部地区之间存在巨大的劳均产出差距，而资本产出比、人力资本水平都不是地区差距的主要因素[60]。张晓旭、冯宗宪（2008）也赞成各地区的经济增长主要取决于本地的要素积累，生产要素的空间流动弱化了地理位置因素和政策因素对各地区收入增长率差异的作用[56]。

经济学的研究中从来不缺乏反对的声音，针对以上的理论和经验检验，Hausmann、Rodrik 和 Velasco（2005）指出，这些因素在很大程度上与其说是增长的原因，还不如说是增长的结果[61]。除此之外，人力资本对经济增长的

---

① 这些文献包括：Makiw，1992；Young，1992、1995；Kim and Lau，1994；Krugman，1994；等等。

影响已经从理论上得到了证明，也已经得到跨国经验研究的证实，但是，就中国实际而言，有不少的实证研究发现人力资本因素对中国各地区经济增长的影响并不明显（蔡昉、都阳，2000[4]；林毅夫和刘培林，2003[24]）。对中国人力资本存量的度量和人力资本回报率的研究长期滞后被认为是其原因（傅勇，2007）[18]。要素投入的作用不可忽视，但更重要的是我们应该如何正确地使用这些要素，如何可持续地保持要素的高积累。

　　（2）全要素生产率（TFP）。从生产函数的角度，解释地区差距的重心似乎已经从要素投入增长的差距转向了全要素生产率（TFP）增长的差距（Eza-ki and Sun，1999[62]；Young，2000[63]）。这方面的文献代表了研究地区差距的最新动向。20 世纪 90 年代以来，以 Hall 和 Jones（1999）等为代表的研究认为，投入要素的差距不可能是一个国家或地区之所以贫困的根本原因，而只能由全要素生产率（TFP）的巨大差距来解释[64]。颜鹏飞、王兵（2004）认为，1992 年以后技术进步成为各个地区生产率差异的主要原因[65]。赵伟、马瑞永（2005）认为，中国 1978～2002 年唯有技术收敛机制较好地发挥了作用，总体上表现出了显著的收敛性[42]。① 张军、金煜（2005）计算 1987～2001 年各省 TFP 核算数据发现，上海的经济效率水平在全国各省份区中一枝独秀，其各年平均全要素生产率远远高于其他各省。除了湖北、黑龙江和吉林三个重工业基地外，其他全要素生产率高的省份均分布在东部沿海地区。这意味着影响中西部省份经济发展的更重要的是经济效率的缺乏，而不是资本和劳动的投入[66]。彭国华（2005b）的分析也表明 TFP 解释了我国省份收入差距的主要部分，主要差距并不是来源于资本产出比或人力资本因素[45]。彭国华（2005a）进行的实证表明，中国地区 TFP 在全国范围里不存在绝对收敛，只有条件收敛，三大地区也都存在条件收敛，这与现有文献的关于地区收敛结论也是一致的，只不过 TFP 的收敛速度（13.0%～16.9%）要明显快于收入收敛的速度（4.8%～7.3%）。同时，TFP 与收入的收敛模式具有很大的相似性[40]。李静等（2006）得出了类似结论[60]。傅晓霞、吴利学（2006a）发现尽管要素投入仍然是中国经济增长的主要源泉，但全要素生产率是造成地区差异的重要原因，在地区劳均产出差异中的贡献份额不断提高，将成为今后中

---

　　① 另两个机制，劳动生产率机制与资本收敛机制在 1978～1989 年发挥了收敛作用，而在 1989～2002 年对经济增长起了发散的作用，但两个阶段中资本收敛机制在统计检验上并不显著。同时，3 个增长收敛机制中资本收敛机制和劳动生产率收敛机制均表现出"俱乐部收敛"特征，但技术收敛机制不存在这一特征。

国地区增长差异的主要决定力量。而且，1990 年以来中国地区全要素生产率呈现出绝对发散趋势，严重的技术扩散壁垒加剧了体制转轨过程中的"马太效应"，短期内地区差距不会随经济发展而缩小[67]。但是在另一篇文章里（2006b）[68]，他们根据索洛余值核算，基于 1978 ~ 2004 年的省级数据，发现经济差异主要来源于要素积累而非全要素生产率，前者的贡献份额大约是后者的 3 倍，不过 1990 年以后要素投入对地区差距的贡献正在快速下降，全要素生产率的作用持续提高。郝睿（2006）的实证结果表明，地区差距发展趋势不容乐观，效率改善①是唯一使得地区间差距趋于缩小的因素，但是其作用随时间推移逐步减小[69]。李光泗、徐翔（2008）在后发优势理论基础上，利用熊彼特内生增长模型提出了两个假说：技术引进不仅对经济增长产生显著正向影响，也是地区经济收敛的主要原因。随后的基于 30 个省份大中型工业企业数据实证分析的结论支持两个假说[70]。

虽然研究文献都认同 TFP 的差异是造成跨国收入差距的主要原因，但对于 TFP 跨国差距的原因却众说纷纭。Hall 和 Jones（1999）认为制度因素和政府政策是造成 TFP 差距的根源，但最根本的原因则是社会基础设施（social infrastructure）的不同，如地理、语言等[64]。Acemoglu 和 Fabrizio（2001）则归结为技术的不匹配（technology mismatch）[71]。McGrattan 和 Schmitz（1999）则认为政策（包括投资税收政策、关税、劳动力市场限制、垄断、货币政策、研究与开发政策等）是导致 TFP 跨国差异的主要原因[72]。林毅夫等（2004）通过一个经济增长与技术扩散模型进行估计，检验了关于造成长期 TFP 差异原因的各种假说，主要包括林毅夫的技术选择假说、Sachs et al.（1995, 1999）的地理位置假说以及 Kaufmann et al.（1999a, 1999b）的政府质量假说②。结果支持林毅夫的技术选择假说、Sachs et al.（1995, 1999）的地理位置假说，但结果未支

---

①　他采用生产边界方法（production frontier methods）将 TFP 分解为效率改善和技术进步，前者指的是实际生产点向生产可能性边界的移动，而后者指的是生产边界本身的移动。

②　林毅夫的技术选择假说认为，一个经济的最优产业和技术结构是由该经济的要素禀赋结构内生决定的，遵循比较优势的战略对发展中国家是更好的发展战略。可是，因为许多发展中国家采取了违背比较优势的发展战略，其技术选择与要素禀赋特征相悖，从而导致在相当长的时期，各国的资本积累与技术扩散的速度受到影响，进而影响到各国经济收敛发生的速度。Sachs et al.（1995, 1999）的地理位置假说的主要含义是，地理位置和气候通过作用于交通成本、与气候有关的疾病和农业生产率甚至贸易政策等，对收入水平和经济增长产生显著影响。Gallup、Sachs 和 Mellinger（1999）发现远离海岸线的国家，由于从事国际贸易的运输成本很高，或者热带地区国家由于较高的疾病发病率，经济增长缓慢。Kaufmann et al.（1999a, 1999b）的政府质量假说认为政府产生、运行与更替过程，政府政策执行的有效程度，政府管理社会经济事务的机制状况以及公民对政府的态度等会影响经济增长的速度。

持政府质量假说[25]。

（3）全球化和自由化。根据新古典增长理论，如果生产要素在地区间可自由流动，地区间的要素收益率就会趋同，优先发展特定地区的发展政策、全球化和经济自由化对地区差距就只会产生有限的作用。但是，万广华等（2005）发现全球化对于中国地区间收入差距的贡献显著为正，并且随着时间而加强；同时，以非国有化为特征的经济改革对地区间收入差距有显著作用；教育、地理位置、城市化和人口负担率对地区间收入差距的相对贡献在减弱[9]。汪锋等（2006）的研究结果表明，包括人力资本和制度变量的扩展索洛模型很好地描述了中国各省份经济增长情况，人力资本、企业市场化程度和对外开放程度上的差异是中国地区间经济发展不平衡的重要原因[73]。

（4）地区特定因素。地区特定因素是指一个地区特有的自然、历史、基础设施等发展条件，Démurger（2001）以及 Démurger，Sachs，Woo，Bao 和 Chang（2002）认为地理位置、交通运输、通信设备能解释省际间经济增长差距的相当一部分[32,74]。

就地理因素而言，无论是对地区差距的产业分解还是对收敛假说的检验，几乎所有的研究都认为地理因素非常重要。Démurger，Sachs，Woo，Bao 和 Chang（2002）从以往研究中的地区虚拟变量分离出单纯的地理差异指标（主要指纯地理条件和交通运输条件），发现该因素对 1979 年之后，特别是 20 世纪 80 年代中期以后地区增长的差异有显著影响，而以经济开放级别为度量指标的政策偏向的作用在下降。文章分析了地理因素影响地区差距的经济机制，认为其主要是通过 FDI 和乡镇工业这两个中国增长的引擎共同发生作用。研究结论认为，如要解决落后地区经济发展的地理障碍，通过科技、教育和医疗卫生投入促进人力资本积累比加大在基础设施上的物质资本投资更重要[74]。Jian et al.（1996）以及 Kanbur 和 Zhang（2005）指出，沿海省份在国际贸易上的天然地理优势和对外开放程度是导致改革开放以后沿海和内地收入差距的重要因素[75,31]。中国东部沿海地区的地理位置和开放程度使其面临着更大的国外市场，黄玖立、李坤望（2006）通过实证研究发现地区市场规模和出口开放程度显著地影响了 1970~2000 年各省份人均收入的增长速度；在地区差距的形成和演进过程中，国外和地区市场是相互替代的，而一旦控制了市场规模因素，各个省份即呈现明显的收敛趋势[76]。而许召元、李善同（2006）认为不同地区的地理位置、经济环境差别、受教育水平、基础设施水平以及城市化水平等因素促使地区差距不断扩展，市场经济体制不断完善，对投资、劳动力流动放宽限制以及区域经济一体化程度不断提高等因素促使地区差距逐步减少，提高了地区间经济增长的条件收敛性[10]。这部分文献需要面对的挑战是，地理因素差异或许可以解释地区差距，但却不能很好地解释地区差距的扩大。

地区经济发展的历史起点和历史偶然事件的影响也是非常重要的。徐现祥、李郇（2005）采用1949~1956年私营工业最大实际总产值等反映各省份历史上曾拥有的发展市场经济的软环境，并视其为工具变量，从而把各省份当今的社会基础设施内生，发现各省份经济绩效的差异可以归因于其在内生的社会基础设施上的差异，当控制了地理因素、发展战略选择以及樊纲等人所度量的市场化进程指数等之后，这个结论依然成立[43]。

（5）财政分权、地方政府行为。财政分权是当今世界的普遍现象，因此，对于分权与经济增长的关系是经济学研究的一个主要话题[18]。近几年，关于中国财政分权与基础设施建设、公共产品提供偏差、政府规模、经济增长以及地区经济增长差异的研究异常丰富，与此相关的问题是研究地方政府行为的差异包括官员的流动对地区经济增长及其绩效差异的影响（周黎安，2004[77]；徐现祥、王贤彬、舒元，2007[78]；张军、高远，2007[79]；等）。虽然研究文献很多，但没有取得一致的结论。早期，Qian 和 Roland（1998）认为，在1979年以前的 M 型层级行政管理结构下，中央政府利用"标尺竞争"机制对地方政府官员形成强有力的激励，这种地方政府间的竞争硬化了基层政府的预算约束，增加了地方政府对国有企业的救助成本，减少了地方政府的无效支出，从而对中国经济改革绩效产生了积极影响[80]。Qian 和 Weingast（1997）[81]、Ma（1997）[82]、Lin 和 Liu（2000）[15]的实证研究证实了这一观点。持类似观点的还很多，如张维迎和粟树和（1998）[83]、杨瑞龙（1998）[84]、杨瑞龙和杨其静（2000）[85]、朱恒鹏（2004）[86]等。当然，也有研究者的研究结果并没有完全证实这一观点。Zhang 和 Zou（1998）的实证研究表明财政分权不利于经济增长，特别是在过度分权时期（1985~1989年）更加明显[14]。乔宝云（2002）认为尽管财政分权有利于中国的经济增长，但这种正面影响并不是线性的而且加剧了财政资源分配的不均衡[87]。杨灿明（2000）[88]、银温泉、才婉如（2001）[89]等人认为，中国的财政分权可能使地方保护主义、市场分割、重复建设和地方政府预算软约束等问题更加严重。张晏、龚六堂（2004，2005）使用省级面板数据分析的结果表明，财政分权对东部地区经济增长有显著的正效应，而不利于中西部地区的经济增长[90,17]。乔宝云、范剑勇和冯兴元（2005）研究发现，财政分权推动了富裕地区的经济增长而对贫困地区的作用恰恰相反。富裕地区可以通过支付高工资和提高社会服务水平吸引了更多的劳动力，能够通过改善投资环境吸引更多的外来资本；而贫困地区也试图通过改善投资环境来努力吸引外来资本，但却明显损害了卫生教育等方面的社会服务供给。这种为吸引外来资本而进行的地区间财政竞争在总体上导致社会服务总供给减少，经济增长与教育公共服务供给呈现出反向的替代关系[91]。这一点得到了很多研究的支持（Zhang and Zou，1998[14]；傅勇、张晏，2007[92]；等等）。

关于财政分权的另一个研究方向是，研究财政分权与地方政府财政支出效率、财政分权与地区经济增长效率的关系。范子英、张军（2009）利用包含非期望产出的模型评价了中国各省份的经济产出，并发现，随着改革的推进，有效率的省份开始由京津唐—东北地区向东南沿海转移，从原因上看，财政分权显著促进了东部和西部效率的改善，而在中部省份却没有明显作用[21]。

改革以来，中国地方政府在经济发展中的作用引人注目，如何正确评价以及规范始终是中国经济发展中的重要课题，也是今后一个时期内影响经济发展的重要因素，对于这个问题的研究刚刚开始。

（6）其他解释。地区间差距的持续扩大是与第二产业在空间上向东部沿海地区集中分不开的（范剑勇、朱国林，2002）[93]，改革以来绝大部分制造业已经或正在转移进入东部沿海地区，推动了地区差距不断扩大（范剑勇，2004a、2004b）[94,95]。这是因为多数省份特别是沿海地区的劳动生产率对就业密度正弹性系数，导致非农产业存在着空间上的规模报酬递增特征，通过累积循环机制使地区间的经济发展发生极化，地区间劳动生产率、平均收入不断差异化（范剑勇，2006）[96]。

就经济结构和政策、制度因素而言，大部分研究认为，带有地区或部门偏向的政策和制度是导致地区差距扩大的根本原因，但是一般缺乏对影响机制的深入说明。Wei et al.（2001）认为对外贸易可以显著地缩小城乡差距[97]；而大部分以 FDI 衡量的研究则认为 FDI 的分布不均是引起地区差距的重要原因。① 很多研究强调沿海偏向的开放政策和非国有经济地区分布差异对地区差距的影响，但是没有回答为什么开放政策和非国有化会促进地区经济增长。更重要的是，随着时间推移，这个视角的解释力在逐步减弱。目前，政策偏向已

---

① 如魏后凯（2002）认为，FDI 可以解释中国地区差距的 90%[6]，沈坤荣、耿强（2001）[98]也持有类似观点。

经得到了很好的扭转，现在中、西部甚至享受更多的政策优惠，而中国的开放模式也早已是全方位的了。

2.1.4 对已有文献的述评和思考

尽管在数据和计量方法上还存在着差异，但对中国地区经济差距的描述和分解都同意中国地区经济差距呈"U"形的变化趋势，地区之间的差距构成了当前中国经济差距的主要来源。绝大部分的研究都认为在控制了一些变量后，中国地区经济增长中存在着条件收敛。对于收敛的实证检验都注意到了中国经济增长中阶段性和区域性，大多数的研究仍然依据的是新古典经济增长模型，使用的静态数据和传统的计量经济学方法，但越来越多的研究注意到了新古典模型在中国的适用性问题，在研究中使用面板数据、动态数据，采用空间计量经济学等新的方法，这些新方法的使用，从不同的角度提出了有益的补充，而且也到了一些更为具体和深化的研究结果。

针对已有的研究，我们认为有以下四个问题需要思考。

第一，新古典经济模型在中国是否适用的问题。已有的文献在新古典增长理论基础上作出的种种研究为我们提供了许多有用的信息，但是新古典经济增长模型所要求的前提条件在转型中的中国并不满足，这使得我们使用这一模型以及对模型的解释应该相当小心。

已有的文献中，大部分经验研究以新古典增长理论的收敛假说为基础，但是基于这一基础的研究没有注意到这一理论在中国的适用性问题，从而导致结果是值得商榷的。地区收敛的有力动力应该来自生产要素流动和商品在地区间自由流动所形成的要素报酬均等化原理，这可能部分解释了为什么绝对收敛在中国地区经济发展的过程中并不成立的原因。Démurger 等（2001）的研究认为，中国之所以不存在像 Barro 和 Sala-I-Martin（1992）所揭示的美国那样的绝对收敛，是因为中国的户籍制度阻碍了劳动力的自由流动。简言之，中国市场机制的不完善是导致地区差距的原因；否则，同质劳动力应该获得同等的收入[32]。刘强（2001）发现 1981~1998 年中国各地区的资本劳动比例、资本增长率、劳动者人数的增长率的变动方向都与新古典增长模型预期的方向相反[52]。简言之，或许也正是这个原因，资本和劳动的流动以及要素回报率的地区差异近年来开始受到越来越多的研究者们的关注，例如龚六堂、谢丹阳（2004）[99]以及王小鲁、樊纲（2004）[8]。

第二，已有的经验检验中所使用的研究方法与数据也是导致结论不一致和不确定的原因之一。经验检验的结论受到研究数据和所采用的检验方法两个因素的影响。已有研究在数据上主要使用的是宏观层面的数据，而很少使用微观层面的数据；大多进行的是静态分析而非动态分析。关于收敛假说的检验方法更多使用的是传统的计量方法（经典的横截面回归方法、时间序列方法和面板数据分析方法），很少使用空间计量方法、马尔科夫链及空间马尔科夫链方法、非线性计量方法等。因此，研究质量的进一步提高应该依赖更高质量的数据和研究方法的进一步改进。

第三，地区经济差距形成机制或者说经济增长收敛机制的问题。从研究的逻辑上看，探讨了地区经济差距的发展变化或者说对收敛假说进行检验之后，接下来必然要探究差距的形成机制或者说收敛机制。目前的多数研究遗憾的是大都没有深入阐述各类因素对地区差距的作用机制，也不能够在一个统一的框架下对中国的经济增长和地区差距做出解释，这也是形成目前争论的原因之一。如果不能把内在机制讲清楚，那么理论研究工作的解释力和说服力就会大打折扣，同时导致我们提供的政策建议可能是不够准确的。从转型中的发展国家这一现实出发，探索地区差距或者经济增长收敛的内在机制应该是很有前景的。[①]

第四，政策研究的问题。对于政策建议的研究是·一个很难回答的问题，已有的文献中对于政策建议的研究很不充分，这构成了已有研究的一个重大缺陷。大部分研究都会提出各自的政策建议，有些研究甚至很随便地罗列许多，但相当多的政策建议缺少可行性和可靠性的充分论证，也没有相应的现实和理论支撑。我们必须注意到，地区经济差距是多种因素共同作用的结果，缩小地区差距也是一项长期而艰巨的任务。与此同时，尽管缩小地区差距很重要，但追求绝对的平衡发展是不可能的，事实上世界上没有哪一个国家是完全平衡地发展起来的。这种两难冲突是我们在政策实践中必须要解决的首要问题。

---

① 以林毅夫为代表的"发展战略说"是把地区差距的形成机理阐释得最清楚和最透彻的一个理论。林毅夫等对发展战略以怎样的机制通过各种途径影响不同地区的资本积累、技术进步和技术使用效率的提高，进而促成了的地区经济发展的差距，做出了理论解释，而且通过实证检验了这一假说。

2.2　中国地区经济差距的测度及其分解：历史与近年来的新变化

2.2.1　引言

中国地区经济差距同 30 年的高速经济增长一样引人注目，不断扩大的地区差距对于中国未来经济发展的可持续性和和谐社会的构建提出了严重挑战。对于地区经济差距的关注，除了对于不平等的关怀是所有道德哲学的共同特征外，还因为其在理论和现实上所具有的重要意义。已有研究发现无论是全国还是农村内部和城市内部，地区经济差距都是非常大的，而且并没有表现出明显缩小的态势，因此，理解地区经济差距对于缩小收入差距、扩大内需从而转变经济发展方式都是重要的。同时，从政策含义看，准确度量地区经济差距，透彻理解各种因素在地区差距形成过程中的作用，并找出造成差距的主要因素是选择并实施切实有效的经济政策的基础，也是客观评价改革的成果与问题的必要内容之一。

已有的研究从不同的角度、不同的层面对中国地区经济差距进行了深入研究，重点集中在中国地区经济差距的演变态势与影响因素方面，然而对于结果的判断却并不一致。杨开忠（1994）[100]、陈国阶（1997）[101]、覃成林（1997）[102]、陆大道等（1999）[103]的研究发现，改革开放后中国东、中、西部地区之间以及沿海与内陆之间的经济差距在不断扩大，这一点在后续的许多研究中也得到了支持，尽管对于总体走势有不同看法，但自 1978 年至 20 世纪 90 年代中国地区之间的经济差距不断扩大的观点得到了大多数经济学家的认同。当然，不同意见始终存在。Wei Yehua（1998）的研究认为中国所有省域之间经济差距均有所缩小[104]；魏后凯等（1997）、Max（2002）等研究认为，1978～1990 年中国省域之间经济差距在缩小，自 1990 年起又开始扩大[105,106]；Fan（1995）认为中国东部地区的省域之间经济差距在缩小[107]；李小建、乔家君（2001）认为 1990～1998 年中国县域经济发展相对经济差距是缩小的，但沿海与内陆之间的经济差距则出现扩大态势[108]。随着改革的深入，中国地区经济差距的发展出现了分化的趋势。中国东部与中、西部地区之间的经济差距在 20 世纪 90 年代加速扩大，而中部与西部差距变化较小（王铮、葛昭攀，2002）[109]；王小鲁、樊纲等（2004）认为，改革开放以来的地区差距处于一直扩大状态，只是在不同期间扩大的程度有所不同。东、西部差距的明显扩大主要是发生在 20 世纪 90 年代[8]；刘夏明等（2004）通过基尼系数的分解发现，中国地区经济的总体差距在 20 世纪 80 年代有所下降，从 20世纪 90 年代开始呈上升趋势，其原因主要来自沿海与内陆之间的区间差距拉大了[27]；不同的是，鲁凤、徐建华（2005）认为，省内差距对于中国整体差距的影响比三大地区之间差距和三大地区内省间差距显著得多，是构成全国整体差距的重要组成部分[110]。仍然以基尼系数为指标，石磊、高帆（2006）实证讨论了中国 31 个省份 1978～2004 年地区经济差距的演变及其结构性原因。认为以 1990 年为拐点，地区经济差距有一个先缩减、后增加的“U”形变化轨迹，1978～1990 年的差距缩小主要源于东部高收入地区的内部收敛，而1990～2004 年的差距扩张主要源于中部中等收入地区和东部高收入地区的省际发散[29]。许召元、李善同（2006）认为，1990 年是 1978～2004 年地区经济差距由缩小到逐渐扩大的拐点，但自 2000 年起扩大的速度有所减慢，2004 年出现差距缩小的现象，地区间条件收敛的速度为 17.6%[10]。黄涛等（2006）主要的经验研究结论有两个：一是东中西部的人均 GDP 分布差异占到了全部省份分布差异的 70% 以上，在 1996 年以后更稳定在 80% 左右；二是利用人均GDP 指数和基尼系数将全国各省份划分为四个区域，即“均衡领先型”“不均衡领先型”“均衡落后型”“不均衡落后型”[34]。这种区域的划分对于一个省份考虑发展道路时有一定参考价值。可以看出，大量的学者从不同的角度、依据不同的理论、选择不同的方法和指标对我国地区经济发展差距进行了衡量和分析，尽管结论不尽一致，但几乎都认识到我国东部和中、西部地区之间的经济差距由于各种原因呈现出日益扩大的发展趋势。这种区域经济的非均衡发展，势必会对我国区域经济的协调发展、未来经济发展的可持续性以及全面建设小康社会等产生一定的负面影响。

　　上述研究角度各异，分析详尽，但所选取样本数据的时间大多在 2000 年以前，无法反映近几年来地区经济差距的动态变化，尤其是无法反映在国家实行了西部大开发、促进中部崛起等一系列政策措施后中国地区经济差距的新变化。本节使用最新的统计数据对我国改革开放以来的地区经济差距的演变态势进行分析，可能的边际贡献在于：一是使用了较新的统计数据，研究的时间序列较长，能更清楚地反映中国地区经济差距尤其是最近几年的演变态势；二是从地区构成的角度，着重考察是什么因素导致了地区经济差距的扩大，尤其是分析了西部地区经济发展的特征以及对中国地区经济差距的影响。

2.2.2　研究方法、数据来源

（1）研究方法。在地区经济差距问题的研究中，绝对差距和相对差距的分析方法是主要的分析方法。绝对差距方法包括平均差、标准差、离差和极差等方法，但是，这些方法不能全面地反映区域差距的结构性特征。相对差距分析方法主要包括变异系数、基尼系数、泰尔指数、广义熵等指标，它们能较细致地反映区域差距的结构性特征，都有各自的优缺点，主要存在的差别在于参考值和相对差幅的定义上。

根据本书的研究目的，选择泰尔指数作为分析的指标。1967 年泰尔（Theil）运用信息理论中的熵概念提出一个可以按照加法分解的不平等系数，该系数可以满足达尔顿－庇古（Dalton-Pigou）转移支付准则以及人口和收入均质性等所有条件。由于泰尔指数具有把整体差异性分成组内与组间差异的特性，被广泛应用于区域整体差异以及区域间差异的实证研究。泰尔指数分为两类，即泰尔 T 指数和泰尔 L 指数，其计算公式分别为：

$$Theil_1 = \sum_{i=1}^{k} f(y_i)\left(\frac{y_i}{\mu}\right)\log\left(\frac{y_i}{\mu}\right) \tag{2.1}$$

$$Theil_2 = \sum_{i=1}^{k} f(y_i)\log\left(\frac{\mu}{y_i}\right) \tag{2.2}$$

其中，y_i 为第 i 个样本的收入水平；μ 为整个样本的平均收入水平；$f(y_i)$ 是第 i 个样本的人口在总体中的比重；k 为样本数量。泰尔系数越大，区域差异越大，反之亦然。泰尔指数是一种具有空间可分解性的区域差异分析方法，可以用来分析区域差异总体变化过程、区际差异和区内差异变化的情况，以及区际差异和区内差异变化对区域总体差异变化的影响，并从中获得更多的政策信息。如果将总体分为 G 个组，则可将以上两式变形为：

$$Theil_1 = \sum_{g=1}^{G}\sum_{i=1}^{n_g} \frac{n_i^g}{n}\frac{y_i^g}{\mu}\log\frac{y_i^g}{\mu} = \sum_{g=1}^{G} \frac{n_g\mu_g}{n\mu}T_1(y_g) + \sum_{g=1}^{G} \frac{n_g}{n}\frac{y_g}{\mu}\log\frac{y_g}{\mu}$$

$$= \sum_{g=1}^{G}\sum_{i=1}^{n_g} \frac{n_i^g}{n}\frac{y_i^g}{\mu}\log\frac{y_i^g}{\mu} + \sum_{g=1}^{G} \frac{n_g}{n}\frac{y_g}{\mu}\log\frac{y_g}{\mu} \tag{2.3}$$

$$Theil_2 = \sum_{g=1}^{G}\sum_{i=1}^{n_g} \frac{n_i^g}{n}\log\frac{\mu}{y_i^g} = \sum_{g=1}^{G} \frac{n_g}{n}T_2(y^g) + \sum_{g=1}^{G} \frac{n_g}{n}\log\frac{\mu}{\mu_g}$$

$$= \sum_{g=1}^{G} \sum_{i=1}^{n} \frac{n_i^g}{n} \log \frac{\mu_g}{y_i^g} + \sum_{g=1}^{G} \frac{n_g}{n} \log \frac{\mu}{\mu_g} \qquad (2.4)$$

其中，n_i^g 表示第 g 组第 i 个样本中人口数量；n_g 表示第 g 组的总人口数量；n 表示样本总体的总人口数量；y_i^g 表示第 g 组第 i 个区域的收入水平；μ_g 表示第 g 组的平均收入水平；μ 表示整个区域的平均收入水平。式（2.3）和式（2.4）中，等号右边的第一项表示的是组内不均衡水平（区内差异），第二项表示的是组间不均衡水平（区际差异）。

根据 A. F. Shorrocks（1980）的方法[111]，样本 y 中包含 n 个收入向量 y = $(y_1, y_2, \cdots, y_n)$，则泰尔指数可以写为：

$$T(y; n) = \frac{1}{n} \sum_i \frac{y_i}{\mu} \log \frac{y_i}{\mu} \qquad (2.5)$$

其中，μ 是向量均值，$\mu = \sum_i \frac{y_i}{n}$。将样本分成 G 组，每组包含 $n_g(n_g \geqslant 1)$ 个向量，$y^g = (y_1^g, \cdots, y_{n_g}^g)$，$\mu_g$ 为 g 组的向量均值，则泰尔指数可以分解为：

$$T(y; n) = T(y^1, y^2, \cdots, y^G; n)$$

$$= \frac{1}{n} \sum_g \sum_i^{n_g} \frac{y_i^g}{\mu} \log \frac{y_i^g}{\mu}$$

$$= \sum_g \frac{n_g \mu_g}{n\mu} T(y^g; n_g) + \frac{1}{n} \sum_g n_g \frac{\mu_g}{\mu} \log \frac{\mu_g}{\mu} \qquad (2.6)$$

等式右边第一项为组内差距，第二项为组间差距。值得注意的是，在整个计算中，必须考虑是否取人口作为权重。在计算区域差距时，选择考虑人口作为权重或不考虑人口作为权重的地区差距指标，取决于作者的伦理判断和地区差距是否受到人口分布的影响（崔启源，1994）[112]，两种方法产生的结论可能相距甚远。参考魏后凯（1997）[105]、Kanbur 和 Zhang（2005）[31]等的做法，本书没有采用人口权重，范剑勇等（2002）认为，含有人口权重的计算加重了低收入地区的份额并降低了高收入地区的份额，导致的结果是地区间收入差距缩小[93]。

（2）数据来源。收入水平以各省人均 GDP 作为代表，并对所有数据以 2000 年为基期进行折算，这样的处理方法可以有效地避免因价格可比性问题而导致的误差。样本包括除港、澳、台地区之外中国 31 个省份 1978～2008 年的数据；所有数据均来源于《新中国 60 年统计资料汇编》。

2.2.3 中国地区经济差距的经验检验

在中国地区经济差距的经验检验中，经常碰到的另一问题是区域的划分。我们仍然遵循传统的区域划分方法，将全国划分为东、中、西三大区域[①]，这种划分基本做到是地带内部各省份处于工业化进程的同一阶段，从宏观上基本反映了我国生产力分布的总体态势和一般特征，具有一定的合理性。因此，本书将全国人均 GDP 地区差距分解为：东部地区省际差异、中部地区省际差异、西部地区省际差异以及东中西三大区域之间的差距。运用泰尔指数进行分解的结果如表 2 – 1 所示。

表 2 – 1　　　　　　　　1978 ~ 2008 年中国泰尔指数及其分解

年份	东部 T	中部 T	西部 T	组间 Tb	全国 T	东部贡献	中部贡献	西部贡献	组间贡献
1978	0.10669	0.02521	0.01417	0.02759	0.09288	40.75904	7.00418	5.90359	29.69918
1979	0.10657	0.02074	0.01072	0.02853	0.09219	41.02043	5.80684	4.50055	30.95200
1980	0.10440	0.02251	0.01239	0.02981	0.09349	39.62607	6.21448	5.12788	31.88854
1981	0.09713	0.01983	0.01269	0.02988	0.08923	38.62833	5.73507	5.50620	33.49315
1982	0.09019	0.01883	0.01164	0.02832	0.08309	38.51217	5.84928	5.42206	34.07663
1983	0.09035	0.01803	0.01200	0.02855	0.08338	38.45189	5.58103	5.57240	34.23913
1984	0.08688	0.01641	0.01152	0.02934	0.08206	37.56687	5.15926	5.43417	35.75985
1985	0.08164	0.01313	0.01274	0.02990	0.07962	36.38363	4.25401	6.19539	37.54797
1986	0.07750	0.01200	0.01371	0.03039	0.07801	35.24877	3.96899	6.80048	38.95151
1987	0.07115	0.01293	0.01378	0.03181	0.07646	33.01914	4.36460	6.97851	41.60483
1988	0.06854	0.01430	0.01405	0.03291	0.07667	31.72124	4.81226	7.09236	42.91968
1989	0.06732	0.01363	0.01379	0.03220	0.07500	31.85109	4.69084	7.11697	42.93822
1990	0.06595	0.01459	0.01371	0.03161	0.07375	31.72991	5.10653	7.19453	42.85411

[①] 东部地区包括京、津、冀、辽、沪、江、浙、闽、鲁、粤、琼 11 个省份；中部地区包括晋、吉、黑、皖、赣、豫、鄂、湘 8 个省份；西部地区包括内蒙古、桂、渝、川、黔、云、藏、陕、甘、青、宁、新疆 12 个省份。

续表

年份	东部 T	中部 T	西部 T	组间 Tb	全国 T	东部贡献	中部贡献	西部贡献	组间贡献
1991	0.06158	0.01618	0.01417	0.03435	0.07495	29.15284	5.57154	7.31636	45.83160
1992	0.05401	0.01327	0.01419	0.03855	0.07490	25.58617	4.57234	7.33200	51.46476
1993	0.04884	0.01076	0.01625	0.04548	0.07954	21.78982	3.49229	7.91032	57.17260
1994	0.04731	0.00948	0.01251	0.04594	0.07809	21.49755	3.13209	6.20251	58.82833
1995	0.04643	0.00871	0.01186	0.04723	0.07868	20.93821	2.85512	5.83248	60.02701
1996	0.04525	0.00838	0.01081	0.04682	0.07723	20.78958	2.80080	5.41785	60.62642
1997	0.04547	0.00784	0.01100	0.04803	0.07860	20.52783	2.57350	5.41559	61.10083
1998	0.04485	0.00799	0.01073	0.04878	0.07902	20.13947	2.60838	5.25830	61.72239
1999	0.04483	0.00794	0.01048	0.04988	0.08015	19.84885	2.55698	5.06211	62.23500
2000	0.04456	0.00771	0.01043	0.04956	0.07958	19.86979	2.50085	5.07578	62.27489
2001	0.04474	0.00771	0.01050	0.04903	0.07913	20.06223	2.51503	5.13710	61.96809
2002	0.04511	0.00773	0.01066	0.04972	0.08013	19.97338	2.48977	5.15087	62.05166
2003	0.04319	0.00756	0.01197	0.04991	0.07948	19.28172	2.45428	5.82745	62.79695
2004	0.04226	0.00729	0.01348	0.05003	0.07936	18.89654	2.36916	6.57500	63.04364
2005	0.04036	0.00732	0.01613	0.04925	0.07802	18.35653	2.41987	8.00078	63.12025
2006	0.03826	0.00745	0.01795	0.04868	0.07663	17.71860	2.50837	9.07007	63.52712
2007	0.03683	0.00740	0.01972	0.04754	0.07498	17.43190	2.54779	10.17879	63.40116
2008	0.03518	0.00783	0.02208	0.04533	0.07232	17.26021	2.79495	11.81597	62.67714

图 2-1、图 2-2 描述了 1978~2008 年中国的泰尔指数及其贡献度的分解。从泰尔指数及其贡献度可以看出，1978~2008 年泰尔指数经历了一个先下降后上升再下降的过程，这表明中国地区经济差距经历了一个先缩小后扩大的过程，拐点出现在 1990 年，这和其他许多经济学家的研究结论是一致的。值得注意的是，2002 年以来，中国人均 GDP 泰尔指数已经出现持续小幅的下降。当然，这是否预示着地区经济差距的缩小还有待作进一步的详细检验。

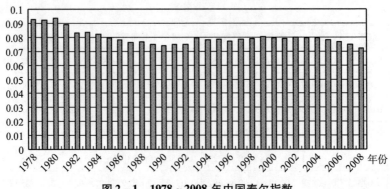

图 2 - 1   1978～2008 年中国泰尔指数

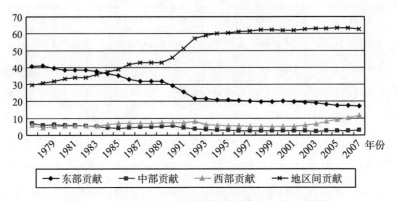

图 2 - 2   1978～2008 年中国地区经济差距贡献度分解

　　从三大区域及区域间差距对全国整体地区经济差距贡献的角度看（见图
2 - 2），东部地区组内人均国内生产总值的省级差异对全国整体的地区经济差
距贡献份额一直较大，但呈明显的下降趋势，从 1978 年的 40.76% 下降到
2008 年的 17.26%；中部地区组内人均国内生产总值的省级差异对全国整体的
地区经济差距贡献份额一直较小且呈现明显的下降趋势，2008 年已经下降到
不足 3%，这也从侧面印证了许多经济学家所担心的"中部塌陷"论；西部地
区组内人均国内生产总值的省级差异对全国整体的地区经济差距贡献份额恰好
与中部地区相反，其呈现出明显的上升趋势，特别是在 2001 年之后，组内省
级差距呈现出明显的扩大趋势，其对全国整体地区经济差距的贡献度也快速上
升，2008 年达到了 11.82%。三大区域间的人均国民生产总值差距一直对全国
地区经济差距的贡献较大并且呈现先上升后下降的趋势，从 1978 年的 46.33%
上升到 2000 年的 72.55%，随后出现了缓慢下降，20 世纪 80 年代中后期以

来，已经成为中国地区经济差距变化的主要原因。中国目前的地区经济差距已经主要表现为三大区域之间的经济差距。

总体上看，东部地区、中部地区组内差距水平大幅缩小，而地区间经济差距水平呈稳步上升趋势。在 1990 年以前这种组内差距水平缩小的作用超过了地区间经济差距扩大，带动全国经济差距总水平的下降；1990 年之后，尤其是 1992 年邓小平南方谈话，确立了我国市场经济的改革目标之后，地区之间的经济差距迅速扩大，这是全国总体经济差距大幅上升的主要原因。换句话说，1990 年之后，东部地区快速地向市场化转型，带动了经济的大幅发展，东部地区和中部地区、西部地区之间的经济差距迅速拉大，成为中国地区经济差距的主要成因。这种地区之间经济的差距，在 2002 年之后出现了趋缓的迹象。如果再经过进一步的观察，这种转折确实是存在的话，那么足以证明，国家实行的西部大开发战略、振兴东北老工业基地、促进中部地区崛起的政策措施已经而且正在起到应有的效果。国家实施的这一系列平衡区域经济发展的政策对于平衡全国的资金、劳动力、资源等的地区间分布起到了积极的作用。整体上看，西部地区呈现出较快的发展速度。

另外，尤其值得注意的是，西部地区内部经济差距在 2002 年之后迅速扩大，出现"群体趋异"的现象；与此同时，东部地区内部和中部地区内部却呈现出趋同现象。为了进一步检验这种印象，我们用人均国内生产总值增长率对初始年度（1978 年）的人均国内生产总值水平作一元回归，分别观察是否存在着全国、东部地区、中部地区、西部地区的趋同趋势。表 2 - 2 中的回归结果表明，全国和西部地区都没有显示出统计上显著的趋同趋势；而东部地区内部和中部地区内部都呈现显著的趋同趋势；但把中西部地区合并起来考察，显著性有所提高，意味着中部和西部地区在某种程度上的趋同。我们认为，西部地区的这种现象反映出西部地区各省份发展的速度已经出现分化，从人均GDP 的年均增长速度上看，1978 ~ 2008 年增长最快的是内蒙古，年均 11.1%，最慢的是青海，年均不足 7%；当我们从西部地区剔除内蒙古、四川、重庆和陕西四省份后，重新计算的西部地区泰尔指数呈现出持续下降的趋势，用人均国内生产总值增长率对初始年度（1978 年）的人均国内生产总值水平作一元回归，也呈现出更高的显著性。这表明西部地区内部经济差距的扩大主要是由于内蒙古、四川、重庆、陕西表现出更高的经济增长率所致，这四个省份已经表现很强的脱离西部地区这个"贫穷俱乐部"的势头。

表 2 - 2　　　全国及四大地区人均 **GDP** 增长率对 **1978** 年人均 **GDP** 的一元回归结果

	全国	东部	中部	西部	中西部
Log（grp1978）	- 0. 7623781 (- 1. 31)	- 3. 996049 *** (- 4. 54)	- 3. 272041 *** (- 3. 73)	- . 8129402 (- 1. 28)	- 1. 23467 ** (- 2. 22)
截距	8. 694375 *** (6. 71)	16. 62838 *** (8. 17)	14. 15609 *** (7. 33)	8. 605075 *** (6. 29)	9. 577936 *** (7. 90)
AR²	0. 0251	0. 6620	0. 6486	0. 0556	0. 1705

注：***、** 和 * 分别表示显著性水平为 1%、5% 和 10%，括号中为 t 值。

2.2.4　结论

本书运用泰尔指数测量了 1978 ~ 2008 年中国地区经济差距的演变态势并进行了地区构成的分解。从总体上看，中国人均 GDP 的泰尔指数经历了下降 (1978 ~ 1990 年)、扩大 (1990 ~ 2002 年)、再下降 (2003 ~ 2008 年) 的演变。这表明近几年中国地区经济差距已经出现了缩小的趋势，这主要是因为西部地区的在一系列国家政策的支持下发展较快，从而地区间经济差距缩小所致。从构成上看，从 20 世纪 80 年代中后期开始，地区之间的差距就已经成为中国地区经济差距的主要影响因素，而四大地区内部的经济差距逐渐在缩小，尤其是东部地区、中部地区组内各省之间呈现出某种趋同，而西部地区组内各组却呈现出"群体趋异"的趋势，然而当我们从西部地区中剔除内蒙古、四川、重庆和陕西四省份重新计算其泰尔指数时却呈现出持续下降的趋势，也表现出较强的趋同现象，之所以是如此，主要是由于内蒙古、四川、重庆和陕西四省份表现出了更快的发展趋势，与其他西部地区省份的经济发展差距拉大所致。

2.3　本章小结

中国地区经济差距的形成和原因吸引了大量的研究，这些研究借助于绝对分析方法或者相对分析方法对中国地区经济差距的演变进行了分析，然而由于数据、分析方法等原因对于中国地区经济差距的演变趋势并没有取得一致的结论。我们借助于泰尔指数，对 1978 ~ 2008 年中国地区经济差距进行分解，结果表明，以 1990 年为拐点中国地区经济差距经历了一个先缩小后扩大的过程。值得注意的是，2002 年以来，中国人均 GDP 泰尔指数已经出现持续小幅的下降，这可能意味着在国家区域平衡政策的干预下，地区经济差距有可能会在缩小。从构成上，地区之间的差距从 20 世纪 80 年代中后期开始成为中国地区经济差距的主要影响因素，与此同时四大地区内部的经济差距逐渐在缩小，尤其是东部地区、中部地区组内各省之间呈现出某种趋同，而西部地区组内各组却呈现出"群体趋异"的趋势，这主要是由于内蒙古、四川、重庆和陕西四省份表现出了更快的发展趋势，与其他西部地区省份的经济发展差距拉大所致。对于地区经济差距成因的分析是这类文章的另一个重要任务，大部分研究基于新古典经济增长模型对于中国的地区经济差距变化的成因进行了分析，得到认同的主要成因包括生产要素投入的差距、全要素生产率的差异、全球化与自由化、财政分权、地方政府行为以及地理位置等。然而，对于这四十年间交易效率的变化及其对经济增长的作用却鲜有探讨。

第 3 章

交易效率的思想渊源与演进

　　基于新古典经济学的框架研究中国地区经济差距的已有成果并不能完全令人满意，这些研究往往忽视了地区之间交易效率的变化和差异，进而忽视了交易效率在地区经济增长中所起的重要作用。交易效率、分工演进与经济增长之间的递进关系从亚当·斯密时就引起了经济学家的注意，当新兴古典经济学解决了角点解的问题将交易效率、分工演进重新拉回主流经济学的视野的时候，从交易效率的视角理解经济增长和地区经济差距就显得尤为重要的了。因此，本章梳理了交易效率思想的渊源与演进，目的在于为进一步从交易效率的视角分析地区经济差距进行清晰地界定，我们在第一部分讨论了交易效率的思想的产生与发展，第二部分讨论了运输成本、交易成本和交易效率之间的关系，第三部分讨论了在新兴古典经济学中对交易效率的界定以及利用交易效率所进行的研究，最后是本章小结。

3.1　交易效率思想的渊源与演进

　　交易效率（transaction efficiency）并不是一个新的概念，亚当·斯密（1776）早就指出了其在分工演进中的作用①[113]，而分工演进对经济发展或增长具有关键性的推动作用（Young，1928；Schultz，1993）[114,115]。显然，交易效率—市场扩展—分工演进—经济发展之间存在逐次影响的程式，从而提高交

---

　　① 亚当·斯密（1776）认为，分工水平取决于市场扩展，而市场扩展取决于交易费用或交易效率。

易效率就成为实现经济增长的前置条件或内在要求。

　　尽管"交易效率"一词的完整含义直到 1988 年才由杨小凯明确给出，但关于交易效率的思想却可以追溯到古典经济学有关"运输费用"或"运输效率"的论述当中。亚当·斯密在《国民财富的性质和原因的研究》一书中指出，"水运开拓了比陆运更广大的市场，所以从来各种产业的分工改良，自然而然地都开始于沿海沿河一带……假若在两都市之间，除了陆运，没有其他交通方法，那么除了那些重量不大而价格很高的货物而外，便没有什么商品能由一地运至另一地了。这样，两地间的商业就只有现今的一小部分，而这两地相互间对产业发展提供的刺激，也只有现今的一小部分"[113]。即水运比陆运成本更低，效率更高，从而能够促进分工和贸易的发展。被杨小凯认为是古典主流经济学核心的发展经济学的主体是"斯密定理"，即分工是经济增长的源泉，分工依赖于市场的大小，市场大小又取决于运输的条件（杨小凯，2003）[116]，可以看出，运输效率是"斯密定理"不可分割的部分，"运输效率—分工发展—市场扩大"间存在单向的演进关系。配第也认为，城市能够通过降低交易成本来促进分工（Petty，1683，转引自杨小凯，2003）[117]。同样，马克思也注意到运输效率对资本周转的影响，他指出："交通运输工具的改良，会绝对缩短商品的移动时间。""随着运输工具的发展，不仅空间运动的速度加快了，而且空间距离在时间上也缩短了。"[118]他在分析级差地租形成时也提到与交通效率相关的问题，他指出："通过采用交通运输工具而使位置变得便利"[119]。杜能（Thunen）的《孤立国农业和国民经济的关系》（1826）也曾因他对运输费用的论述而不断成为后人追述的经典。"用四匹马拉的货车，通常载重量为 2400 磅。四匹马两天所耗的草料约为 150 磅……，所以一车的载谷能力为 2400 磅 - 150 磅 = 2250 磅，等于 37.5 罗斯托克斗或 26.78 柏林斗"。[120]从杜能的这个例子中我们完全可以看到"冰山交易成本"的前身。杜能认识到运输费用对于生产、经营和商业活动的影响，由于运输费用的影响，一般地说，近郊应该种植这样的产品：相对于其价值来说是笨重而体积大的东西，往城市运输费用很大，从远地供应这些产品不合算；再则就是易于腐烂，必须新鲜消费的产品，这是很清楚的事。离城远的地方总是逐渐地从事生产那样的产品：相对于其价值来说，只要求较小的运输费的东西。由于这一原因，城市四周将形成一些界限相当分明的同心圆，每个同心圆内有各自的主要产品。

　　然而，这一思想并没有得到经济学一贯的关注，其在经济学的发展中充满波折。在随后的新古典经济学时期，交易效率、分工的思想并没有受到经济学的更多关注，反而逐渐淡出了主流经济学的视野。这一转变是从马歇尔（Marshall，1890）开始的。"在《经济学原理》教科书第四卷第 8～12 章里，马歇尔对分工的发展含义极富洞见，将分工的网络描述成了经济有机体。不幸的是，马歇尔不能将他的洞见组织到一个数学框架中。这种数学化的处理，必须涉及个人选择职业和专业化水平的决策，涉及数量惊人的角点解。"[121] 而直到 20 世纪 50 年代，才发展起非古典数学规划，为处理角点解找到有效的分析工具。因此，当马歇尔试图用一个数学框架对古典主流经济学加以数学化时，他不得不做出了一个很不现实的假定，将社会分为纯消费者和厂商两部分，从而避开了角点解的问题。纯消费者不做生产决策，厂商则是外生给定的。这种纯消费者和厂商的分离，连同准凹效用函数和凸生产集合的假定，使得内点解可能在均衡中出现，而内点解用边际分析这一对古典数学规划的工具就可以解决。马歇尔对供求的边际分析逐渐成为新古典的主流经济学，经济学的注意力也由分工对经济发展的意义转向了供求的边际分析。分工、交易效率、运输成本等概念随之淡出经济学的视野。

　　这一思想的重新兴起是伴随着古典经济思想的复兴而出现的。首先，以科斯、布坎南的文章为代表的产权经济学、交易成本和制度经济学文献的大量出现。这些经济学家对新古典经济学提出了激烈批评。张五常（Cheung，1970、1983）、科斯（Coase，1937、1960）运用超边际分析，对庇古（Pigou）对公共产品和外部性的边际分析进行了批评[122,123,124.125]。他们的内生外部性水平的理论认为，外部性水平是由界定及行使产权的交易成本与不明晰行使产权带来的扭曲之间的两难冲突决定的。杨小凯和黄有光（1999）刘孟奇（Lio，1996）研究了扭曲、交易成本、总和生产力以及分工水平之间的内在关系[126,127]。很多委托代理关系模型、交易成本和内生专业化的一般均衡模型和策略交互作用的博弈论模型，则将关于产权、交易成本、合约及制度的思想数学化了。以诺斯（North，1981、1990）、墨克（Mokyr，1990、1993）为代表的新经济史学派也与此互相呼应，他们认为，经济发展的障碍在于国家机会主义行为及制度缺陷带来的巨大交易成本[128,129,130,131]。诺斯还特别阐述了分工演进、交易成本、制度和经济发展之间的密切关系。其次，自 20 世纪 80 年代后由世界银行及一流的发展经济学家对新古典经济学的批判，推动了这一流派思想的付诸政策实践。最后，近年来兴起的以藤田昌久、克鲁格曼、墨菲、谢勒夫和维西尼（Fujita，Krugman，Murphy，Shleifer and Vishny）为代表的高级发展经济学的一般均衡模型文献，以阿洪和荷维伊特、卢卡斯、格罗斯曼、赫尔普曼和罗默（Aghion and Howitt, Lucas, Grossman, Helpman and Romer）为代表的内生增长文献以及以贝克尔、墨菲、罗森和杨小凯（Becker, Murphy, Rosen and Yang）为代表的内生专业化文献，它们为古典经济学的数学化提供了复杂的技术工具。这三种力量使古典经济学灵魂在一个现代躯体中复活。交易效率、分工随之重新回到经济学家视野，成为经济学研究的焦点。

3.2　运输成本、交易成本与交易效率

运输成本在亚当·斯密和杜能的论述中受到了充分的重视，然而到了新古典经济学时代，却逐渐退出了主流经济学。大多数经济学家均认同，运输成本与新古典经济学完全竞争框架的不相容性是导致运输成本理论被主流经济学家遗弃的根本原因。如果存在"运输成本"，意味着距离某地远的人便会比距离近的人支付更多成本，从而地理、自然条件就会在客观上塑造出一定的垄断地位，这与新古典经济学完全竞争的框架是相悖的。因此，新古典经济学只好将运输成本打入生产成本，又将地理空间和距离占主导地位的国际贸易理论视为比较成本的差异，结果新古典经济学方法论的创新便将区位、空间和运输成本从现实中剔除掉了。此后，在阿罗—德布鲁模型以及 1978 年思德瑞特（Starrett）提出了"空间不可能性定理"之后，运输成本的说法便彻底在主流经济学中失去了应有的地位。

20 世纪 80 年代末期以后，"新经济地理学"的面世将空间和运输费用问题重新拉回到主流经济学当中。在区位理论的一般均衡模型中，如果既要考虑商品生产部门又要考虑运输部门的话，将会使模型复杂化，而"冰山运输成本"技术的运用能巧妙地避免单独引入一个运输部门给空间和地理模型化带来的难题，从而可以在迪克西特—斯蒂格利茨的垄断竞争一般均衡分析框架下进行直接的数学处理。

"冰山成本"由萨缪尔森（1954）提出，指的是产品在区域间运输采取"冰山"形式的运输成本，即产品从产地运到消费地，其中有一部分在途中"融化"掉了[132]。用数学语言叙述如下：运送 1 单位的产品，只有 $\tau(\tau<1)$ 部分能到达目的地，其余 $(1-\tau)$ 部分在运输途中损失掉了。无论厂商是在国内市场还是在国外市场销售产品，当达到均衡状态时，获得的利润必然相等，从而国内

市场与国外市场间的运输成本支付最终必然要转嫁到消费者头上，因此，当市场均衡时，我们必然有下面等式：

$$p_f = p_h / \tau \tag{3.1}$$

其中，p_h 表示某一产品的国内市场价格；p_f 表示某一产品的国外市场价格；τ 代表运输成本和贸易壁垒对国际贸易的影响，这个参数不受运输距离的影响，这构成了"冰山成本"的一个缺陷，从而建立在"冰山成本"技术上的国际贸易理论本质上仍然是非空间的。因此，克鲁格曼（1991）引进距离因素对萨缪尔森"冰山成本"技术进行了修正[133]。克鲁格曼定义的"冰山运输成本"函数为：

$$V_d = e^{-\tau D} \tag{3.2}$$

其中，V_d 表示运送 1 单位物品最终到达目的地的数量；D 表示区域间的运输距离；τ 是冰山形式融化参数。

V_d 对 D 求偏导，有：

$$\frac{\partial V_d / \partial D}{V_d} = -\tau \tag{3.3}$$

其中，τ 表示 V_d 单位物品每运送 1 单位距离到达目的地时所融化的比例，这与萨缪尔森对 τ 的定义恰好相反，但本质上是一样的。按照克鲁格曼的定义，随着运输距离的增大，每边际距离损耗产品的数量越来越小，亦即以实物衡量的边际运输成本随着距离的增加而减少，从而产品运输目的地的价格 P_f 和出发地的价格 P_d 之间有这样的关系：

$$P_f = \frac{P_d}{V_d} = P_d e^{\tau D} \tag{3.4}$$

对 P_f 关于 D 求偏导，有：

$$\frac{\partial P_f}{\partial D} = \tau P_d e^{\tau D} \tag{3.5}$$

$$\frac{\partial^2 P_f}{\partial D^2} = \tau^2 P_d e^{\tau D} \tag{3.6}$$

可以看出，随着运输距离的增加，产品的市场价格越来越高，并且以递增的比例增加；在其他条件相同的情况下（τ 不变），如果初始价格（出发地价格）越高，则相同距离内产品的市场价格越高，并且递增的绝对值越大。

空间相互作用成本不仅仅包括运输成本，而且还包括信息成本、制度成本、文化差异等所导致的成本，因此，运输成本的概念逐渐扩展为交易成本的概念。交易成本的概念首先是由科斯引入经济学的分析视野的。科斯认为交易成本就是"通过价格机制组织生产的最明显的成本，就是所有发现相对价格的成本""市场上发生的每一笔交易的谈判和签约的费用"以及运用价格机制存在的其他方面的成本[124]。后来，科斯把这一思想具体化了——"为了完成一项交易，必须弄清楚谁是某人与之交易者，必须通告人们，某人愿意出售某物，以及愿意在何种条件下进行导致协议的谈判、签订合同并实施为保证合同条款得到遵守所必要的检查，如此等等"[125]。在对交易成本进行定义的基础上，科斯交易成本理论的核心思想是：（1）提出零交易成本的局限性；（2）研究存在交易成本的社会；（3）由于经济组织的理论假设与现实是相关的，以及所有可行的组织形式都是有缺陷的，他主张通过比较制度分析考察可行的组织形式之间的相互替代；（4）上述行为决定于对契约、契约过程和组织进行详细的微观研究。随后经历了一系列经济学家的拓展，交易成本的概念得到了进一步的发展。阿罗认为，"市场失灵并不是绝对的；最好能考虑一个更广泛的范畴——交易成本的范畴，交易成本通常妨碍——在特殊情况下则阻止了——市场的形成"，这种成本就是"利用经济制度的成本"[134]。威廉姆森（1993）遵循阿罗把交易成本规定为利用经济制度的成本，并且就其本身而论相当于物理学的"摩擦力"[135]。威廉姆森对交易成本作了进一步细分，事前的交易成本包括起草、谈判和维护一项协议的成本。事后的交易成本则包括：（1）当交易偏离了所要求的准则而引起的不适应成本；（2）倘若为了纠正事后的偏离准则而做出了双边的努力，由此引起的争论不休的成本；（3）伴随建立和运作管理机构（通常不是法庭）而带来的成本，管理机构也负责解决纠纷；（4）为使承诺完全兑现而引起的约束成本。威廉姆森认为，交易成本的存在取决于三个因素：受到限制的理性思考、机会主义以及资产特殊性。至此，交易成本概念真正成为经济组织分析的一个重要工具。张五常对交易成本理论的发展是在阐述企业性质时提到的，他认为，企业对市场的替代只不过是用要素市场取代产品市场，或者说是以一种合约取代另一种合约。张五常把鲁滨逊经济中不可想象的一切费用都划入交易成本，从而在最广泛的意义上，交易成本包括所有那些不可能存在于没有产权、没有交易、没有任何一种经济组织的鲁滨逊·克鲁索世界经济中的成本[125]。这样的定义，交易成本可以看作一系列的制度成本，包括信息成本、谈判成本、拟订和实施契约的成本、界定和控制产权的成本、监督管理的成本和制度结构变化的成本等。可以看出，从科斯开始，交易成本的概念越来越宽泛，以至于有不少经济学家抱怨交易成本是一个无所不包又毫无意义的概念集合，对交易成本基本理论提出了实质性批评（Hodgeson，1988；Pitelis and Pseiridis，1999；Pitelis and Sugden，1991；等等）[136,137,138]。这种抱怨实际上是反映交易成本的另一个缺陷，即难以量化、难以操作。同时，在交易成本的概念中仍然没有考虑运输成本。倘若要用威廉姆斯等人的交易成本概念分析存在运输成本条件下经济体的一般均衡，则只能另外假定一个商品的运输函数（Hahn，1971；Kurz，1974；等等）[139,140]，但这种处理方法必然要增加一个额外部门并涉及一组难以操作的有关目的地和出发地变量的下标，从而使一般均衡的比较静态分析难以进行。

从资源耗费这一角度看，交易成本则与运输成本是一样的，即它们都耗费既有资源，不同的只是前者来自制度、组织、法律、产权制度等人为行为的扭曲，而后者来自技术、自然、地理与基础设施等的阻挠。可惜的是，两者都囿于固有的框架，从而在分析中都出现无法避免的缺陷。而在新兴古典经济学的框架下，借助于"冰山运输成本"技术，实现了从运输成本、交易成本到交易效率的飞跃。杨小凯、张永生（2000）认为，交易成本可划分为：外生交易成本（exogenous costs）与内生交易成本（endogenous costs）[141]。前者指交易过程中直接或间接发生成本，它不由决策者的利益冲突引起，如运输费用，用于生产运输、通信或交易设施的耗费等；后者是指个体自利决策的结果带来的资源耗费，它由人类行为引起，并且后者比前者对经济发展的影响更大。正是从这一意义出发，他们认为，假若一个人购买一单位商品时，他实际只得到 k 量商品，或者当他购买一元商品实际只得到 k 元价值时，那么，这 1 - k 部分便可称之为交易成本，而 k 部分可称为该笔交易的交易效率。这样，经济体中的交易效率便既可由运输条件（新的运输技术或运输基础设施）引起，也可由制度性变化（更有效地保护产权的法律或更竞争性的银行制度等）引起[142]，显然，这一概念已明确了运输条件、运输技术和制度改革在经济发展中的同等重要性。杨小凯等关于交易效率的定义使交易效率重新回到了经济学的视野，然而他们并没有对交易效率做进一步的深入剖析。

同样都借助于"冰山运输成本"技术、均重视运输成本的作用，但新经济地理学和新兴古典经济学存在重大差别。前者仅仅借助于"冰山运输成本"技术将经济学过去不予理睬的区位或运输成本问题重新纳入了经济学的分析框架，而后者则不仅强调了运输技术、运输设备、基础设施对运输成本的重要作用，而且也强调了政治制度、法律规则、对产权的法律等对整个经济体交易效率以及经济发展的影响。冰山运输成本技术的问世大大提高了经济学家对经济现实的认识能力，而交易效率分析范式的面世，则意味着经济学对制度、组织以及相关人类行为认识的深化（赵红军，2004）[143]。因此，我们有必要对新兴古典经济学所关注的交易效率做进一步的梳理。

3.3　新兴古典经济学视角的交易效率

但凡涉及分工的研究，交易效率总是难以避免地被一再提起。所以当新兴古典经济学解决了"角点解"的问题，分工和专业化的思想重新得到延续，并通过决策和均衡模型的形式，认为"很多发展和贸易现象都可以解释为社会分工演进的不同侧面，可以解释企业的出现和企业内部组织的均衡意义，可以解释交易费用和制度对分工和生产力演进的意义，还可以解释货币出现、景气循环等宏观现象"（杨小凯、张永生，1999）[144]。在新兴古典经济学的假定中，每个经济主体既是消费者又是生产者，交易成为互相之间联系的纽带，交易维系了这个分工演进框架下的经济体系的运转，自然而然，交易效率成为衡量这个经济体系运转效果的指标。假设一个人有通过交易获取 1 单位某种商品的需求，但在实际交易中却只获得了 k 单位的商品，那么这 1 − k 的单位消耗便可称为"交易成本"，而获得的 k 单位，则是该笔交易的"交易效率"。这样，分工演进条件下的交易研究替代了传统的资源配置研究的重要内容，而交易效率研究也替代了传统的生产效率研究，成为贯穿新兴古典经济学的主要脉络之一。

分工和交易效率成为互相依赖的共生体。分工的发展是产生交易的前提，而分工演进的水平不同、阶段不同，所采取的交易模式也会有所差别。相应地，通过对交易效率的观察也可判断出当前社会分工的状况，并对分工演进的水平与阶段做出解释。这一点充分体现在新兴古典经济学分工演进的一般框架体系中（见图 3 − 1）[141]。

图 3 − 1 中 a、b、c 所展示的是新兴古典经济学的分析框架。该经济系统中有 4 个消费者—生产者，图中每个圆圈代表一个经济主体。每个人必须消费 4 种产品，但可以选择生产 1、2、3 或 4 种产品（"A"代表可以在 4 种产品中任意选择）。在图 3 − 1a 中，4 个经济主体各自生产自己必须消费的四种产品，彼此之间不发生任何交易，没有市场，没有经济一体化、生产集中程度低、每个人的专业化水平很低，此时交易效率为零，相应地也没有交易产生的交易费用。在图 3 − 1b 的局部分工状态中，专业化水平提高，每个人生产的产品种类

减至 3 种，每个人的交易次数从 0 次上升到 2 次，市场出现了，交易费用也从无到有。经济系统被分为两个互不往来的部分，与自给自足时相比，市场一体化程度有所提高。产品 1 或 2 的生产人数减至 2 个，生产集中度提高，交易效率出现并且维持在一定水平。图 3 - 1c 中，交易效率很高，经济系统处于完全分工状态。每个经济主体都与其他经济主体发生联系，每个经济主体都只能生产 1 种产品而通过交易获得其余 3 种产品，对交易和市场的依存度有了极大增加，交易效率成为频繁使用的概念。此时，每人的专业化程度、社会结构的多样化程度、每人的贸易依存度、社会的商业化程度、市场个数、经济一体化程度、生产集中程度、交易次数及交易费用、每个人的生产率都比局部分工时增加。

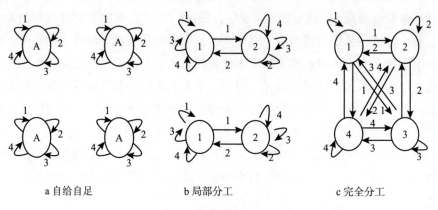

　　a 自给自足　　　　　　　b 局部分工　　　　　　　c 完全分工

图 3 - 1　新兴古典经济学分析框架的特点

　　这种经济体系从自给自足状态向完全分工状态的演进，取决于分工演进框架下分工收益与分工产生的交易费用的两难冲突的协调，从而分工水平取决于交易效率的高低。交易效率越高，折中这种两难冲突的空间就越大，分工水平也就越高。分工的利益虽然显而易见，但越细致的分工就会带来越频繁的交易，即使单次交易的成本微不足道，但总体交易的成本（也称"宏观交易成本"）却在不断上升，产生的分工成本就会部分甚至全部抵消分工收益（卢现祥，1997）[145]。也就是说，在整个经济体系分工不断深化的过程中，交易效率的高低是关键。只有当实际交易效率高过临界交易效率时，分工结构才会出现。在一个静态模型中，交易效率的外生改进会促使经济体系从自给自足向完全分工演进。在此基础上，技术、制度、组织等因素不断地被引进交易效率研究的视野。

从分工演进的框架出发，新兴古典经济学着重研究了贸易发展、城市化和工业化问题。对于贸易发展，杨小凯将 D - S 模型引入了新兴古典经济学的分析框架之中，并将分工演进水平以及由此导致的专业化和市场一体化全部设为内生变量，促使贸易理论从外生模型发展为内生模型[146]。通过内部的分工演进解释了贸易发展中的许多问题。首先，揭示了国内贸易与国际贸易的关系问题。即随着交易效率的上升，分工收益会大于分工成本，分工演进的水平较高，每个经济主体都愿意参加到更广泛市场范围的交易中来，并且会因为专业化生产水平的提高，使经济系统内的产品呈多样化。当交易效率高到使一国有限的人口和市场不足以容纳高水平的分工演进时，国际贸易就产生了，反之则是国内贸易。其次，由于交易效率提升后由高水平分工演进能够带来"内生后天比较优势"，使得比较优势差异较多的发达国家和发展中国家之间的贸易，会远远少于比较优势相近但经济规模化程度较高的发达国家之间的贸易。

城市化是新兴古典经济学研究的重要领域。杨小凯、莱斯（1994）认为，城市化、分工内生演进、交易效率这三者之间存在必然的联系，可以通过一般均衡模型预期随着交易效率提升而出现的城乡二元结构及其过渡性[147]。甚至可以解释由此产生的城市地价升级、均衡居住模式、交易区域集中等细节性现象（杨小凯、孙广振，1998）[148]。城乡差距是新兴古典经济学关注的另一个问题。亚当·斯密认为，城乡差距的成因在于"农业劳动生产力的增进总跟不上制造业劳动生产力的增进，原因在于农业不能采用完全的分工制度"[113]。这表明农业与制造业之间生产力水平差距的根源在于农业分工水平较低，而这种较低的分工水平往往是因为受制于交易效率——农村人口居住较为分散，与城市距离相对较远，交易效率必然很低（杨小凯、莱斯，1994）[147]。因此，改善交易效率是缩小城乡差距、改善二元结构的关键。

工业化与城市化的关联甚为密切①。新兴古典经济学认为，从自给自足到完全分工的演进过程可以被视为社会经济阶段的进步过程，那么完全分工阶段就是高度依赖市场和交易的商品化经济阶段，也必然是市场上各经济主体都各自专门生产一种不同产品的高度专业化阶段，此时的规模经济程度和生产力水平才能够达到工业化的要求。因此，交易效率越高，分工水平和专业化程度越

---

① 在主流西方发展经济学中，对于工业化程度有着量化的四项衡量指标：人均 GDP、工业增加值的比重、三次产业结构与就业结构、城市化率（以城镇人口比例来衡量）。

高，实现工业化的可能性也就越高。交易效率的提升不仅仅可以通过技术的进步来实现，还可以通过寻求有效率的企业组织结构和有效率的企业所有权结构来实现（杨小凯、张永生，1999）[144]。在交易效率与工业化的研究中，杨小凯格外强调了"迂回生产链条长度"①的概念。通过"迂回生产链条长度"的作用，交易效率在提升过程中除了能够促进工业化进程之外，还会带来一些与工业化有关的共生现象，例如，中间产品数增加，生产率上升，新机器出现，市场容量、生产集中度、间接生产部门的收入比重、重工业的收入比重等都上升（杨小凯、张永生，2000）[141]。史—杨模型（史鹤凌、杨小凯，1995）证明，由于工业产品交易效率高，而农产品交易效率低，并且农业的分工协调费用很高，当工业产品相对于农业部门的交易效率不断提高时，农业部门就会越来越依赖于从工业部门购买机器以提高生产效率。所以，工业化进程必然会伴随着工业收入比重的上升和农业收入比重的下降，也即所谓的自然二元经济现象[149]。但是，交易效率在工业与农业上的差别，并不能证明可以通过统购统销农业产品及资源的方式来人为制造二元经济和推动工业化，否则就会引起长期的经济结构失衡（杨小凯、张永生，2000）[141]。

此外，藤田昌久和克鲁格曼也认为，生产的规模经济、消费的多样性偏好与交易效率之间的两难冲突，可以解释城市化与工业化的演进过程（藤田昌久、克鲁格曼，1995）[150]。然而，工业化与城市化之间虽然密切相关，但并没有明确的因果关系，只有在人口能够自由流动的时候，较高的交易效率才能够同时推动工业化和城市化的进程（赵红军、罗长远，2004）[151]。这也印证了诺斯的观点："在过去一百年中，世界的城市化进程与其说是工业化的成果，不如说是运输成本急剧下降、农业生产效率上升和中心地区对经济活动集聚作用增强的结果。"[128]

3.4　本章小结

本章梳理了交易效率思想的渊源与演进，以便为进一步的研究厘清认识。交易效率的思想渊源也可以追溯到古典经济学关于"运输效率"的论述中。

---

① 即杨格（1928）所谓的"生产迂回度"，被定义为由投入产出关系的上下游两个产业间的环节，属于内生分工演进的一个方面。

虽然在随后的发展中，这一思想由于分析工具的原因而逐渐淡出了主流经济学的视野，但是当新兴古典经济学重新复兴了分工对于经济增长的重要作用后，交易效率的重要性再一次被人们所认识到。新兴古典经济学从分工演进的框架出发，着重研究了贸易发展、城市化和工业化问题，交易效率的提升是重要的原因。而城市化、工业化是经济发展的重要内容和推动力。因此，在市场扩展—分工演进—经济发展的逐次影响的程式中，交易效率的改善是前提。

第4章

中国交易效率的衡量

交易效率的衡量是一个相对复杂的问题，新兴古典经济学虽然给出了交易效率的定义，却并没有给出关于交易效率内涵和外延的进一步界定。对于交易效率的影响层面、包含内容等问题的探讨仍然有待深入。本章在上一章对交易效率思想渊源和演进认识的基础上，借鉴已有的研究文献，探讨交易效率的影响因素，构建了一个测量交易效率的指数，对中国和各地区经济转型30多年来的交易效率水平及变化进行了度量并进行了评价。第4.1节我们对中国的经济增长进行了观察和分析，我们认为交易效率的变化也是中国经济增长中的一个重要特征；第4.2节对交易效率的影响层面进行了归纳，这是我们构建交易效率衡量指标的理论基础；第4.3节选取相应的指标对中国的交易效率进行了测算，并进行了纵向分析；第4.4节测量了中国各地区的交易效率并进行了横向比较；最后是本章小结。

4.1 中国经济增长的特征事实

新中国成立以来，中国长期保持了较高的经济增长速度，尤其是在1978年改革开放以来，经济增长速度更是让世界为之瞩目，如此长时间高速度的增长在世界范围内也是很少的。观察中国改革开放以来30多年的快速发展，有几个特征是很明显的：一是要素投入的大量增加；二是技术进步与技术效率的提高；三是交易效率的持续改善。经济转型所带来的要素投入的大量增加是有目共睹的，仅仅从劳动投入一项，就使我们能够充分地享受人口红利所带来的巨大利益。而全社会固定资产投资的比例更是一直居高不下。与此同时，我国技术进步与技术效率的提高也是非常明显的。微观的主体层面，技术进步与技术效率的提高主要来源于知识积累和企业内部治理结构的改善。学习在经济增长中的作用众所周知，内生增长理论更是重点强调了知识积累的作用，知识积累主要是通过教育和"干中学"的途径完成的。企业内部治理结构的改善会带动企业管理效率、技术利用效率及规模效率的提升，从而提高经济整体的技术效率。改革开放以来，我国进行大量的以促进效率为目标的企业内部治理结构改革，典型的如"工资跟效益挂钩"制度以及"利改税""承包制""政企分开制度"等，以及后期大规模试行的股份制改造、剥除国有企业政策性负担等，这些努力都是为了建立现代企业制度，努力激发企业的活力。这些制度上的变革带动了微观主体的技术进步，促进了技术效率的提高。当然，对于中国在经济增长中是否存在技术进步是存在争论的，克鲁格曼认为："亚洲取得了卓越的经济增长率，却没有与之相当的卓越的生产率增长。它的增长是资源投入的结果，而不是效率的提升。"[152] 对于这一点，易纲、樊纲（2003）认为，中国的技术进步主要依靠引进技术，从发达国家购买设备，这是中国作为新兴经济体所体现的特殊性决定的[153]；林毅夫、任若恩（2007）也指出一个国家"处于发展中阶段时，技术创新主要是靠从发达国家引进技术设备，只有到了发达阶段各个产业的技术大多已经处于世界的最前沿时才转而以不表现为资本的研发来取得技术创新"[154]。产生这种争论的一个原因是，用全要素生产率代替技术进步的研究方法是否适合中国。换句话说，产生争论可能是因为没有考虑到中国特殊的技术形式，即体现式技术进步是技术进步的主要形式。因此，对"中国经济的效率几乎没有提高的判断是错误的。这种错误的来源是没有考虑新兴经济国家（地区）全要素生产率的测算方法应该与发达国家有所区别"[153]，克鲁格曼对东亚经济奇迹的批评主要是对全要素生产率的经济意义没有正确把握。[154]

而交易效率的提高至少表现在两个方面：一是在宏观层面逐渐以价格作为主要配置手段而导致的资源配置效率的提高；二是伴随着制度变革，微观主体的外在环境不断改善而产生的外在经济。改革之初，无论是从微观层面还是宏观层面，交易效率都处于极低的水平。从 1978 年到现在，大量改革的起始动机就是促进宏观层面交易效率的改善。我们在生产要素市场、产品市场上都建立了以价格机制为主的配置机制，极大地改善了资源的配置效率；同时，中国在基础设施、公共服务上的变化也是引人注目的，这些外部环境的改善大大节省了企业的成本，不论是从微观还是宏观的角度，都有利于交易效率的改善。

4.2　交易效率的影响层面

实际上，并没有哪一个指标能够清晰地直接刻画一个国家或地区的交易效率，这不仅是因为交易效率的主体既可以是宏观的国家或地区，也可以是微观的企业、家庭、居民（高帆，2007）[155]，也是因为影响交易效率的因素既涉及软条件也涉及硬条件。然而，我们仍然可以通过考察影响交易效率的条件的变化来间接观察交易效率的变化。

交易效率的提高主要来自多方面因素的推动。我们认为，交易效率的提高主要来源于资源配置效率的提高和外部治理环境的改善。

资源配置效率的提高源自要素和产品市场的放开以及价格市场化改革等。要素和产品的自由流动来自外部市场和内部市场分割的消除，前者主要通过开放经济融入世界市场来实现，后者主要通过流通领域的市场化改革来完成。在改革开始时，我国要素市场和产品市场还是一个以国家控制为主的高度集中的所有制结构，地区分割严重，资源配置效率低下。随着改革的深入、经济发展的推动，在要素和产品市场上资源配置的主导方逐渐由政府让位于市场，产品价格市场化改革和产品流通领域改革较早完成，虽然目前要素市场化程度仍然相对较低，但与过去相比，其进步是明显的。资源配置效率提高除了来自克服要素和产品的市场壁垒外，还来自两者价格市场化改革，使价格充分发挥供需双方信号搜寻作用。

外部治理环境的改善包括软、硬两方面，多和政府有着密切的联系，一是交通、通信、水利等基础设施的改善；二是公共服务与政策环境的改善。这两者的变化与政府治理目标和模式的转变密切相关。

运输、通信、水电等基础设施至少通过以下几个方面提高交易效率。第一，这些基础设施是所有交易活动的重要中间投入要素或者平台，这些硬件基础设施数量的增加、质量的改善可以大大提高交易活动的效率，降低交易活动的成本；第二，基础设施尤其是经济性的基础设施具有规模效应和网络效应（Word Bank，1994）[156]，这些效应既可以降低交易成本，提高产出效率，又可以促进发达地区对落后地区经济增长的溢出效应；第三，这些基础设施的改善可以减少经济主体在交易活动中的时间损耗和交易风险，从而带来整个社会交易成本的降低和交易效率的提高；第四，基础设施的改善有效地提高了其他生产要素的回报率，能够促进要素自由流动、积累和集聚。然而，所有这些基础设施都属于典型的公共产品，无法指望市场自发地提供，只能依赖于政府生产性支出来供给。也正是因为政府生产性支出对企业生产具有正的外部性，马斯格雷夫和罗斯托特别指出，在经济发展的"起飞阶段"，交通、通信、水利等基础设施具有极大的外部性，私人部门不愿意投资，这时应加大政府生产性支出占财政支出的比重[157,158]。

公共服务与政策环境的改善包括非国有经济的发展、产权保护的加强、自由竞争的市场、适当的政府职能、政府行政效率的改善、法制体系的完善、市场的发育（竞争高效的资本市场、完善的经理人市场等）、行业准入管制的解除等。除此之外，教育水平、文化程度、识字率的提高能够提高交易效率。教育的提高了人们识别、学习各种与生产、交易活动有关的知识和技能的能力（如识字、对财产权的认知、谈判技巧等）（Schultz，1961；Becker，1975；Smith，1990；Wright，1979；等等）[159,160,161,162]。识字率的提高对于个人能够有效地参加经济活动相当重要，可以显著地降低交易成本（Eigen & Zucchi，2001）[163]。Sen（1999）也找到了文盲程度如何限制劳动分工的经验证据[164]。以上的种种变化在无形之中提高了交易效率，促进了经济增长。

4.3　中国交易效率的测算

对中国交易效率的衡量是通过一个综合的评价指标体系来实现的，在这个综合性指标的构建和测算中有两个主要的问题需要解决：一是构成该综合性指标的各维度的选择与确定，这一点主要取决于交易效率影响因素的分析，以及在确定了影响层面后具体指标的选取，这中间既要考虑指标的代表性又需要考虑数据的可得性与可靠性；二是如何将基础指标的合成综合指标，即如何科学合理地通过基础指标得到最终的综合评价指标。这中间所使用的主要方法有简单平均法、熵值法、相对指数法、主成分分析法和因子分析法等。简单平均法是将各基础指标进行简单平均或者简单加权平均以计算最终的指标。熵值法是通过熵值确定各分类指标的权重，然后计算得到最终指标，这种方法的缺陷是不能很好地反映相关指标之间的关系。相对指数法是通过将指标变成可比的指数形式，然后简单加总或加权加总以得到最后的指标，这种方法实际上是假设各相对指标之间具有同等重要性，没有考虑到各分类指标之间可能存在的高度相关性。主成分分析法（principal components analysis，PCA）是利用降维的思想，在损失较少信息的前提下把多个指标转化为较少的综合指标，转化生成的综合指标即为主成分，其中每个主成分都是原始变量的线性组合，且各个主成分互不相关。因子分析法是主成分分析法的推广，它是通过将原始变量分级为公因子和特殊因子两部分，提出多个变量的公共影响因子。主成分分析法和因子分析法都是通过降维把多个指标简化为几个综合指标，这几个综合指标最大限度地保留了原有数据的信息，其中，因子分析法在应用上侧重于成因清晰性的综合评价，主成分分析法则侧重于信息贡献影响力的综合评价。主成分分析法在确定权重时是根据数据自身的特征而非基于个人的主观判断，所形成的权重结构可以更好地反映原有分类指标对所形成的综合指标的贡献度。因此，本章在计算交易效率的综合指标时采用主成分分析法来确定各分类指标中基础指标的权重，进而用同样的方法确定各分类指标的权重，最终合成交易效率的综合指标。

4.3.1　具体指标的选取

根据上面我们对于交易效率影响因素的分析，我们从基础设施、市场化程度、城市化、对外开放程度、政府提供的公共服务等方面考察中国 1978 ~ 2008 年交易效率的变化。具体指标选取如下。

第一个方面：基础设施

我们从交通、通信、能源、金融、农业生产等方面考察中国基础设施的变化。

（1）交通基础设施（transport）。交通基础设施的变化是中国改革开放以来最为引人注意的变化之一。改革开放初期"交通运输能力同运输量增长的速度很不适应"（胡耀邦，1982）[165]，这种状况一直到 20 世纪 90 年代中期仍然没有得到明显改善。为此，20 世纪 90 年代中期以后，我国加大了交通基础设施建设，地方政府也纷纷把交通基础设施建设视为招商引资、加快地方经济发展的重要措施，这使得我国交通基础设施大为改善。从衡量交易效率的角度，本书选取了铁路营业里程、公路里程、内河航道里程作为交通基础设施的代替变量。为了使不同年份的交通基础设施存量具有可比性，本书借鉴 Démurger（2001）的做法，通过计算各自的交通基础设施密度然后通过主成分分析确定权重，以求得的交通基础设施密度综合值作为交通基础设施的指标[32]。

（2）通信基础设施（information）。通信基础设施涵盖的范围比较广，从最初的邮电、广播电视等到今天的包含邮电、通信、广播电视、互联网络等。中国通信基础设施的发展也经历了一个极其快速的发展过程，在短短的 30 年间迅速实现了从信息化"边缘化国"到信息化"积极利用国"的过度，进而成为世界最大的 ICT 用户国。1978 年我国的固定电话普及率仅为 0.38%，而到了 2008 年，这一比率变为 74.32%。1990 年我国开始使用移动电话，2008 年我国手机普及率已经达到 48.53%（国家统计局，2009a）[166]。1998 年年底我国的互联网用户仅为 210 万户，而到 2009 年 6 月我国的互联网用户已经达到 3.38 亿。

正因为如此，我们可以使用很多指标来衡量我国通信基础设施的变化情况。一些研究者使用电话普及率或者互联网普及率来衡量基础设施存量（Démuger，2001；Fan & Zhang，2004）[32,167]。也有用电话服务的价格来衡量信息基础设施水平（Roller & Waverman，2001）[168]。借鉴已有的研究和基于数据的可得性、完整性，本书选取邮电业务总量和电话普及率作为通信基础设施的代表变量。邮电业务总量是指企业为社会提供各类邮电业务服务的总数量，是用于观察邮电业务发展变化总趋势的综合性总量指标，是反映了邮政基础设施、长途电话交换机容量、局用交换机总量、移动电话交换机容量、互联网接入端口等通信基础设施产出的综合性指标。相比于互联网普及率，我们认为电话普及率在中国 30 年的改革发展过程中对经济增长的贡献更大，我国互联网的普及率在 20 世纪 90 年代中期之前基本为零。因此，我们使用电话普及率而不是互联网的普及率和邮电业务总量一起作为通信基础设施的衡量指标。

（3）能源基础设施（energy）。不论从生产还是消费的角度，中国都在迅速扩大。2008 年中国已经成为世界能源生产第一大国，能源消费第二大国，仅居美国之后（国家能源局，2009）[169]。1978 ~ 2007 年，我国的原煤生产量从 6.18 亿吨增加到 25.23 亿吨，年均增长率为 5.2%；原油生产量由 1.04 亿吨增加到 1.90 亿吨，年均增长率为 2.0%；发电量由 2565 亿千瓦时增加到 34669 亿千瓦时，年均增长率为 9.1%（国家统计局，2009）[166]。能源对中国经济的发展功不可没。

世界银行认为，能源基础设施应当主要包括那些生产和输送能源的设施，包括石油管道、高压输电线等。然而，在实际的研究中，由于有关能源基础设施的实物指标数据很难收集到，因此，人们一般按从生产的角度考虑原煤、原油的生产量和发电量对经济增长的影响（Balazs et al.，2009；Charles et al.，2006；Démurger，2001）[170,171,32]，但实际上我们认为这是两个不同的概念。相比于生产，我们认为能源的消费更能反映一个国家或地区的经济状况，因此，我们选择人均能源消耗量来衡量我国能源基础设施存量。这个指标实际上是将煤炭、石油、天然气、水电、风电、核电等折算为标准煤，反映的是我国的能源消费总量，间接地反映了我国的能源基础设施规模。

（4）金融基础设施。金融发展对于经济增长的重要意义不言而喻，我们以年末金融机构贷款余额占 GDP 的比重作为金融基础设施的代理指标。

（5）农业生产条件。中国仍然是一个农业大国，农业生产基础设施的优劣不仅关系到农业生产本身，也关系到其他产业。我们以有效灌溉面积占农作物总播种面积的比重和农村人均用电量作为代理指标。

第二个方面：市场化程度

所谓的市场化是指我国从计划经济向市场经济过渡的体制改革，不是简单的一项规章制度的变化，而是一系列经济、社会、法律乃至政治体制的变革。正因如此，用数量指标来对这一体制转轨过程进行分析、度量与比较，是一个极端复杂的工作，它要涉及体制的方方面面[172]。在我国的市场化进程中，一个最显著的变化就是市场导向的非国有企业取得了重大发展，因此本书以非国有经济的发展作为市场化程度的近似指标，主要包括三个指标：非国有经济在工业总产值中的比重、非国有经济在全社会固定资产总投资中所占比重以及非国有经济就业人数占城镇总就业人数的比例。

第三个方面：城市化及城市发展水平

城市的发展、人口的集聚能够显著地减少交易成本、提高交易效率。本书使用城镇人口占总人口的比例代表城市化水平，以每万人拥有公共交通车辆（标台）、人均拥有道路面积（平方米）、城市人口密度（人/平方公里）、城市用水普及率、城市燃气普及率、人均全年供水量（立方米/人）、人均用气量（立方米/人）代表城市发展水平。

第四个方面：公共服务

（1）教育服务。分别以高等学校、普通中等学校、小学的专任教师数占总人口的比例来衡量政府提供的教育服务。

（2）医疗服务。以每千人执业医师数和每千人口医疗机构床位数反映政府提供的医疗服务。

第五个方面：对外开放程度

对外开放程度的提高不仅能够消除市场壁垒，促进竞争，吸引资本和技术，也能够对政府形成压力，促进政府提高效率。因此，我们以进出口额占 GDP 的比重和实际利用外资额占 GDP 的比重来衡量对外开放的程度。

第六个方面：政府行政效率

这无疑是最难衡量的指标之一，然而政府行政效率的高低是影响交易效率高低的重要因素。政府行政效率的提高会加快经济体系中交易活动的进行，促进私人、企业办事效率的提高。本书选取每单位行政管理费用所对应的 GDP 总量、行政管理费在一般预算财政支出中的比例、财政支出占 GDP 的比重以及国家机关政党机关和社会团体年底职工人数占总人口的比重作为衡量政府行政效率的指标。

表 4 - 1 列出了交易效率指数所使用的全部指标，可以看出，我们所选择的基础指标均为各方面具有较高代表性和可比性的核心指标，能够较好地反映交易效率各层面的变化，最终的交易效率指数就由这 31 个指标构成。交易效率具有丰富的内涵和外延，是一个高度复杂的问题，我们力求构建一个能够在总体上对中国交易效率进行判断的指数，但不可避免会存在一些问题。

表 4 - 1　　　　　　　　　　交易效率综合指标构成一览

方面指标	一级分指标	二级分指标（基础指标）	指标属性		
			正	逆	适度
基础设施	交通基础设施	铁路营业里程密度	√		
		公路里程密度	√		
		内河航道里程密度	√		
	通信基础设施	人均邮电业务总量	√		
		电话普及率	√		
	能源基础设施	人均能源消费量	√		
	金融基础设施	年末金融机构贷款余额占 GDP 的比重	√		
	农业生产条件	有效灌溉面积占农作物总播种面积的比重	√		
		农村人均用电量	√		
市场化		非国有经济在工业总产值中的比重	√		
		非国有经济在全社会固定资产总投资中所占比重	√		
		非国有经济就业人数占城镇总就业人数的比例	√		
		非国有经济单位职工（万人）占总人口的比重	√		

续表

方面指标	一级分指标	二级分指标（基础指标）	指标属性		
			正	逆	适度
城市化	城镇化率	城镇人口占总人口的比例			√
	城市发展水平	每万人拥有公共交通车辆（标台）	√		
		人均拥有道路面积（平方米）	√		
		城市人口密度（人/平方公里）	√		
		城市用水普及率	√		
		城市燃气普及率	√		
		人均全年供水量（立方米/人）	√		
		人均用气量（立方米/人）	√		
公共服务	教育服务	高等学校的专任教师数占总人口的比例	√		
		普通中等学校专任教师数占总人口的比例	√		
		小学的专任教师数占总人口的比例	√		
	医疗服务	每千人执业医师数	√		
		每千人口医疗机构床位数	√		
对外开放		进出口额占 GDP 的比重	√		
		实际利用外资额占 GDP 的比重	√		
政府行政效率		每单位行政管理费所对应的 GDP 总量	√		
		行政管理费在一般预算财政支出中的比例		√	
		财政支出占 GDP 的比重		√	

综合以上分析，我们使用以下变量来表示交易效率综合指数的各个基础指标，通过对逆指标取倒数使其正向化，对原始数据进行无量纲处理后，利用主成分分析确定权重，然后计算交易效率综合指数。

X_1：铁路营业里程密度，以铁路营业里程除以国土面积，单位为公里/平方公里。

X_2：公路里程密度，等于公路里程除以国土面积，单位为公里/平方公里。

X_3：内河航道里程密度，等于内河航道里程除以国土面积，单位为公里/平方公里。

X_4：人均邮电业务总量，以邮电业务总量除以总人口，单位为万元/人。

X_5：电话普及率，每百人中拥有电话（1990 年起含移动电话）的数量。

　　X_6：人均能源消费量，等于一次能源消费总量除以总人口，单位为千克标准煤/人。

　　X_7：年末金融机构贷款余额占 GDP 的比重。

　　X_8：有效灌溉面积占农作物总播种面积的比重。

　　X_9：农村人均用电量，单位：千瓦时/人。

　　X_{10}：非国有经济在工业总产值中的比重。

　　X_{11}：非国有经济在全社会固定资产总投资中所占比重。

　　X_{12}：非国有经济就业人数占城镇总就业人数的比例。

　　X_{13}：国有经济单位职工（万人）占总人口的比重。

　　X_{14}：城镇人口占总人口的比例。

　　X_{15}：每万人拥有公共交通车辆，单位为标台。

　　X_{16}：人均拥有道路面积，单位为平方米/人。

　　X_{17}：城市人口密度，单位为人/平方公里。

　　X_{18}：城市用水普及率。

　　X_{19}：城市燃气普及率。

　　X_{20}：人均全年供水量，单位为立方米/人。

　　X_{21}：人均用气量，单位为立方米/人。

　　X_{22}：高等学校的专任教师数占总人口的比例。

　　X_{23}：普通中等学校专任教师数占总人口的比例。

　　X_{24}：小学的专任教师数占总人口的比例。

　　X_{25}：每千人执业医师数，单位为人/千人。

　　X_{26}：每千人口医疗机构床位数，单位为张/千人。

　　X_{27}：进出口额占 GDP 的比重。

　　X_{28}：实际利用外资额占 GDP 的比重。

　　X_{29}：每单位行政管理费用所对应的 GDP 总量，单位为元。

　　X_{30}：行政管理费在一般预算财政支出中的比例。

　　X_{31}：一般预算财政支出占 GDP 的比重。

4.3.2　指数的形成方法、计算公式和权重的生成

　　在交易效率指数的计算中，由于各基础指标之间具有不可公度性，因此，无法直接进行计算，需要进行一定的变换和处理。第一个需要处理的问题是量

纲和量级的问题。在这 31 个指标中，不同的基础指标分别具有不同的量纲和量级，无法进行直接综合，而且如果采用原始数据，会造成主成分过分偏重于具有较大方差或数量级的指标，因此，我们先需要对这些指标进行无量纲化处理。可以采用的无量纲化方法主要有极值化方法、标准化方法、均值化方法以及标准差化方法等。第二个需要解决的问题是指标属性问题。计算交易效率综合指数的各基础指标中大多数为正指标，但也包含了一些逆指标和适度指标。适度指标是指统计指标与指数值之间没有直接的正相关或负相关，因此，我们在构建交易效率综合指数时尽量避免选择适度指标。正（逆）指标的指标值和我们所计算的综合指数正（负）相关，指标值越高则表明交易效率也越高（低）。

当然，在此基础上，我们也参考了许多已有研究的经验。具体而言，全国层面的交易效率指标的确定我们参考了陈诗一、张军（2008）的方法[173]。中国交易效率指标的构建方法如下：

首先，将每个综合指标所包含的各个单项指标原始数据转化成单项指标得分。上述各综合指标中所包含的子指标需要消除不同单位的影响，因此，借鉴 De Borger et al.（1996）以及 Afonso et al.（2005）的研究[174,175]，将各子指标的年度得分除以各自的平均值进行正规化，这样正规化的子指标的均值就为 1。各综合指标的得分由所包含的正规化后子指标简单平均而得。

其次，计算各综合指标的权重。为了保证赋予各综合指标权重的客观性，本书采用主成分分析法进行计算。

最后，依据各综合指标的得分和权重计算出最终的交易效率综合指标。这样计算出来的综合指标能够较为充分、较为客观地衡量中国交易效率的变化情况。

在各方面指数和综合指数的生成中，我们都使用主成分分析法确定权重。在涉及多因素的分析中，权重的选取是个难点。其中，定性的方法和定量的方法都有广泛的应用。而对于交易效率的测量而言，其各个组成方面的重要程度很难从经济理论或者定性的方面加以判断，因此，本书选择主成分分析法确定各指标的权重，以避免主观因素的干扰。

在运用主成分分析法进行多指标综合评价的文献中，大多根据主成分累计贡献率或特征值来确定主成分的个数，一般是按照累计贡献率大于 85% 或者特征值大于 1 来选择使用那几个主成分代替原有指标。单个主成分综合原有数据信息的能力是通过其贡献率的大小来衡量，从主成分分析法的原理可以看出，这种方法中，根据累计贡献率判断的方法只是反映了前面几个主成分单独综合原始数据信息能力的总和大小，其中第一主成分综合原始数据信息的能力是最强的，因此，我们只采用第一主成分来确定各基础指标的权重，使用第一主成分中各基础指标的系数作为各基础指标相应的权重进行计算，使用由此得到的第一主成分的值作为方面指数，反映该层面原有各指标的信息，再以同样的方法确定各方面指数的权重，最后计算得到交易效率综合指数。这种方法在许多综合性指标的计算中得到了广泛使用。

如果没有特别说明，本书中所使用的数据来自国家统计局《新中国 55 年统计资料汇编》和《新中国 60 年统计资料汇编》以及相关年份《中国统计年鉴》。

4.3.3　中国交易效率综合指数的计算及测度结果

在以上分析的基础上，我们从六个方面测算中国的交易效率综合指数。运用 Stata10.0 软件进行主成分分析，我们可以得到各基础指标的权重（见表 4 - 2）。

表 4 - 2　　　　　　　　　　各基础指标和方面指标的权重

方面指标	权重	一级分指标	权重	二级分指标	权重
基础设施	0.389	交通基础设施	0.4621	铁路营业里程密度	0.6012
				公路里程密度	0.5996
				内河航道里程密度	0.5282
		通信基础设施	0.4682	人均邮电业务总量	0.7071
				电话普及率	0.7071
		能源基础设施	0.4715	人均能源消费量	
		金融基础设施	0.3671	年末金融机构贷款余额占 GDP 的比重	
		农业生产条件	0.4584	有效灌溉面积占农作物总播种面积的比重	0.7071
				农村人均用电量	0.7071

方面指标	权重	一级分指标	权重	二级分指标	权重
市场化程度	0.4287	非国有经济在工业总产值中的比重	0.5517		
		非国有经济在全社会固定资产总投资中所占比重	0.5928		
		非国有经济就业人数占城镇总就业人数的比例	0.5867	城镇私营和个体企业就业人数占城镇总就业人口的比例	
城市化及城市发展水平	0.4217	城镇化率	0.7071	城镇人口占总人口比例	
		城市发展水平	0.7071	每万人拥有公共交通车辆（标台）	0.425
				人均拥有道路面积（平方米）	0.4236
				城市人口密度（人/平方公里）	0.3614
				城市用水普及率	0.4176
				城市燃气普及率	0.4223
				人均全年供水量（立方米/人）	-0.0193
				人均用气量（立方米/人）	0.3953
公共服务	0.4251	教育服务	0.7071	高等学校的专任教师数占总人口的比例	0.5796
				普通中等学校专任教师数占总人口的比例	0.566
				小学的专任教师数占总人口的比例	-0.5863
		医疗服务	0.7071	每千人执业医师数	
				每千人口医疗机构床位数	
对外开放程度	0.367	进出口额占 GDP 的比重	0.7071		
		实际利用外资额占 GDP 的比重	0.7071		

续表

方面指标	权重	一级分指标	权重	二级分指标	权重
政府行政效率的高低	-0.4143	每单位行政管理费用所对应的 GDP 总量	0.5252		
		行政管理费在一般预算财政支出中的比例	-0.6999		
		财政支出占 GDP 的比重	0.4841		

　　在确定了各基础指标的权重之后，我们逐次计算了各方面指数值（见表 4 - 3 中 2 ~ 7 列），继续采用主成分分析法确定各方面指数的权重（见表 4 - 2）。其中，六个方面指数的权重绝对值相差不大，其中市场化程度的权重最高，公共服务、城市化及城市发展水平紧随其后，随后是基础设施和对外开放，政府行政效率的系数值为负。从所获得权重中，一个值得思考的现象是，目前地方政府尤其偏好的基础设施和招商引资、增加出口并不是对提高交易效率最重要的因素，这一点提醒我们政府应该注意在提供公共产品时的偏向问题。最后根据各方面指数的基础合成交易效率综合指数（见表 4 - 3 中第 8 列）。

表 4 - 3　　　　　中国 1978 ~ 2008 年交易效率综合指数测算结果汇总

年份	方面指数						全国交易效率综合指数
	基础设施	城市化	公共服务	对外开放	行政效率	市场化	
1978	1.531749	0.419619	0.972291	0.359408	1.178823	0.254766	0.938859
1979	1.484734	0.447378	0.994642	0.380067	1.163175	0.245096	0.951697
1980	1.51697	0.461926	1.034316	0.40048	0.954562	0.512325	1.195718
1981	1.542105	0.573511	1.050426	0.456314	0.81249	0.689863	1.414862
1982	1.556089	0.59165	1.08067	0.455961	0.746847	0.703446	1.473697
1983	1.591321	0.584697	1.113964	0.445073	0.657411	0.74397	1.549053
1984	1.642671	0.605249	1.143273	0.525526	0.641855	0.817632	1.657704
1985	1.687028	0.609086	1.197521	0.776058	0.766362	0.847132	1.752646
1986	1.766003	0.777262	1.242258	1.015604	0.601281	0.869272	2.039103
1987	1.812312	0.811128	1.286929	1.034027	0.565516	1.104778	2.212929
1988	1.839719	0.830347	1.342271	1.015425	0.453308	1.173507	2.324345

年份	方面指数						全国交易效率综合指数
	基础设施	城市化	公共服务	对外开放	行政效率	市场化	
1989	1.889353	0.86561	1.372186	0.937974	0.398701	1.174987	2.366074
1990	1.972433	0.902848	1.369556	1.127304	0.329211	1.1346	2.493937
1991	2.0309	0.978414	1.382584	1.234061	0.2991	1.131248	2.604303
1992	2.089888	1.036437	1.39654	1.46087	0.176267	1.177117	2.811443
1993	2.163349	1.050165	1.405062	1.882433	0.16631	1.388576	3.098923
1994	2.225434	1.0955	1.41992	2.362567	0.068116	1.650969	3.477885
1995	2.362347	1.175966	1.425615	2.073226	0.066683	1.819335	3.534083
1996	2.510996	1.253015	1.430206	1.933726	0.03169	1.86077	3.607415
1997	2.658385	1.310476	1.444884	2.007433	0.108513	1.963198	3.734354
1998	2.792838	1.398909	1.540747	1.764061	0.086486	1.828471	3.72675
1999	3.010445	1.438258	1.467606	1.62714	0.140561	1.868132	3.74125
2000	3.330526	1.532035	1.493904	1.775324	0.166165	1.896146	3.972272
2001	3.591704	1.67879	1.553385	1.521866	0.122622	1.991519	4.126949
2002	3.991025	1.836849	1.508256	1.616912	−0.06064	2.169094	4.516688
2003	4.500134	1.996795	1.579006	1.739936	−0.10229	2.350141	4.952276
2004	5.082036	2.093446	1.664321	1.884516	−0.13249	2.493079	5.382512
2005	5.850268	2.17053	1.73248	1.880632	−0.12762	2.629288	5.797784
2006	6.476159	2.325778	1.802899	1.874168	−0.09587	2.775943	6.184005
2007	7.182315	2.444138	1.856644	1.798445	−0.36564	2.917761	6.676231
2008	7.74816	2.497483	1.938068	1.672663	−0.22611	3.01916	6.892953

　　通过表4-3中最终计算出来的中国交易效率综合指数可以看出，自1978年以来中国的交易效率除个别年份略有降低外始终处于上升态势（见图4-1），从1978年的0.938859上升到2008年的6.892953，年均增长率达到6.6%。从总体趋势上看，中国交易效率综合指数与基础设施指数的发展一致，无论是从表4-3中还是图4-1中都可以看出经济转型30年以来中国交易效率的变化受到基础设施的极大影响。经济转型30年以来，中国的基础设施变化令人惊叹，也确实有力提高了交易效率。但这种情况在长期内如何进一步促进中国的经济发展是值得深入思考的事情。

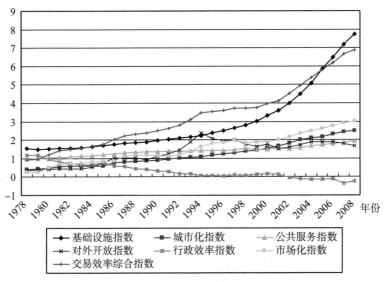

图4-1 1978～2008年中国交易效率综合指数

市场化、城市化与公共服务对中国交易效率的提高具有重要意义，也是中国交易效率提高的重要源泉。虽然相比于基础设施的迅速发展，其指标值相对较小，但是它们与交易效率的发展也呈现出较高的一致性。市场化指数从1978年的0.25477上升到2008年的3.01916，年平均增长率8.3%；城市化指数从1978年的0.41962上升到2008年的2.49748，年平均增长率5.9%；然而公共服务指数只是从1978年的0.97229缓慢上升到2008年的1.938068，年平均增长率2.3%，政府提供的公共服务增长速度缓慢，在长期内必将影响交易效率的进一步提升。一旦基础设施的潜力用尽，我们必须通过公共服务的提高来进一步提高交易效率，继续保持经济增长。

政府行政效率指数一直处于下降状态，从1978年的1.1788下降到2008年的-0.22611，我们认为这是值得警惕的现象。政府行政效率低下一直是我们经济转轨中的顽固问题，如何正确地界定政府与市场的边界始终是中国经济转型中的核心问题之一。

4.4 中国地区交易效率的衡量

从区域的视角来看，中国地区经济发展始终是不平衡的，这一点也体现在地区之间交易效率的发展上。因此，有必要测量各地区交易效率的变化，从交易效率的角度对中国的地区经济差距进行度量和分析。衡量地区交易效率的变化，主要着眼于地区交易效率的相对变化，通过这种变化表明各地区在不同时期各自交易效率的相对位置的变动。因此，本书将在前面分析的基础上构建中国各地区的交易效率综合评价指标体系，从多个方面对不同省份的交易效率进行测度和评价，并在此基础上，简单研究地区交易效率和地区经济增长之间的关系。

从地区层面测量交易效率虽然能够明显的扩大样本量，更清楚地理解交易效率对经济发展的影响，但与此同时，构建地区层面的交易效率指数的困难也是显而易见的。从交易效率的构成层面可以看出，交易效率不是一个简单的经济因素，它是一系列经济因素相互作用的结果，是诸多问题的一个综合反映，因此，在构建数量指标进行衡量的时候必须意识到已有的指标不可能涵盖交易效率所涉及的方方面面，我们所能做的只是使构建的指标尽可能地由多方面、多个指标构成，尽可能地涉及交易效率的各个主要方面。在地区交易效率的衡量和评价中，这一问题尤其突出，原因在于统计数据的缺失、统计口径的偏差以及统计数据质量的缺陷等。因此，我们所构建的地区交易效率指数只能尽可能地反映交易效率的主要内容，同时计算出的地区交易效率指数表示的各地区交易效率的相对水平和变动，能够进行地区之间的交易效率的横向比较和排序，同时尽可能地反映出各地区交易效率的时序变化。

4.4.1　具体指标的选取

对于各地区交易效率影响因素的分析，我们仍然从基础设施、市场化程度、城市化、对外开放程度、政府提供的公共服务等方面考察。但是考虑到各地区数据的可得性、指标体系的完整性，我们对具体指标的选取做了一定的调整。

（1）基础设施。仍然从交通、通信、能源、金融、农业生产等几个方面考察各地区基础设施的变化。仍然选取了铁路营业里程、公路里程、内河航道里程作为交通基础设施的代替变量，借鉴 Démurger（2001）[32] 的做法，通过加总各类交通基础存量除以各自的国土面积之后，求得交通基础设施密度。通信基础设施选取各地区人均邮电业务总量和电话普及率作为通信基础设施的代表变量。能源基础设施以各地区人均能源消耗量来衡量。金融基础设施以各地区年末金融机构贷款余额占 GDP 的比重作为金融基础设施的代理指标。以有效灌溉面积占农作物总播种面积的比重和农村人均用电量来衡量各地区农业生产条件。

（2）市场化程度。以各地区非国有经济在工业总产值中的比重、非国有经济在全社会固定资产总投资中所占比重以及非国有经济就业人数占城镇总就业人数的比例来衡量市场化程度。

（3）城市化水平。使用城镇人口占总人口的比例代表城市化水平，由于数据缺失严重，所以无法使用每万人拥有公共交通车辆（标台）、人均拥有道路面积（平方米）、城市人口密度（人/平方公里）、城市用水普及率、城市燃气普及率、人均全年供水量（立方米/人）、人均用气量（立方米/人）等指标反映城市发展水平。

（4）公共服务。分别以各地区高等学校、普通中等学校、小学的专任教师数占总人口的比例来衡量政府提供的教育服务；以每千人执业医师数和每千人口医疗机构床位数反映政府提供的医疗服务。

（5）对外开放程度。仍然以进出口额占 GDP 的比重和实际利用外资额占 GDP 的比重来衡量对外开放的程度。

（6）政府行政效率。以各地区一般预算财政收入占 GDP 的比例、每单位行政管理费用所对应的 GDP 总量、科教文卫支出在一般预算财政支出中的比例、财政支出占 GDP 的比重作为衡量政府行政效率的指标。

综上所述，对地区交易效率进行衡量时所使用到的指标如表 4 - 4 所示。

表 4 - 4　　　　　　　　　各地区交易效率指数构成一览

方面指标	一级分指标	二级分指标	单位
基础设施	交通基础设施	铁路营业里程密度	公里/平方公里
		公路里程密度	公里/平方公里
		内河航道里程密度	公里/平方公里
	通信基础设施	人均邮电业务总量	万元/人
		电话普及率	部/百人
	能源基础设施	人均能源消费量	千克标准煤/人
	金融基础设施	年末金融机构贷款余额占 GDP 的比重	%
	农业生产条件	有效灌溉面积占农作物总播种面积的比重	%
		农村人均用电量	千瓦时/人

方面指标	一级分指标	二级分指标	单位
市场化		非国有经济在工业总产值中的比重	%
		非国有经济在全社会固定资产总投资中所占比重	%
		国有经济单位职工（万人）占总人口的比重	%
城市化	城镇化率	城镇人口占总人口的比重	%
公共服务	教育服务	高等学校的专任教师数占总人口的比例	%
		普通中等学校专任教师数占总人口的比例	%
		小学的专任教师数占总人口的比例	%
	医疗服务	每千人执业医师数	人/千人
		每千人口医疗机构床位数	张/千人
对外开放		进出口额占 GDP 的比重	%
		实际利用外资额占 GDP 的比重	%
政府行政效率		每单位行政管理费用所对应的 GDP 总量	元
		科教文卫支出在一般预算财政支出中的比例	%
		一般预算财政支出占 GDP 的比重	%
		一般预算财政收入占 GDP 的比重	%

4.4.2 指标的形成方法、计算公式和权重的生成

各地区相对交易效率综合指标的构建方法如下：

首先，对基础指标进行无量纲化处理。我们借鉴樊纲、王小鲁等（2009）的做法[176]，如果该基础指标值的高低与交易效率高低正相关，即该项指标数值的增大反映了交易效率的提高，原始数据越高，指标得分越高，交易效率越高，则采用以下公式计算：

$$第 i 个指标的得分 = \frac{v_i - v_{min}}{v_{max} - v_{min}} \times 10 \qquad (4.1)$$

其中，v_i 是某个地区第 i 个指标的原始数据；v_{max} 是与所有地区基年第 i 个指标相对应的原始数据中数值最大的一个；v_{min} 则是最小的一个。

如果该基础指标数值的增大反映了交易效率的下降，即原始数据越高，指标得分越低，在该指标所体现的交易效率越低。则其指数计算方法如下：

$$第 i 个指标的得分 = \frac{v_{max} - v_i}{v_{max} - v_{min}} \times 10 \qquad (4.2)$$

通过这样的计算，使每个基础指标在基期年份得分的最大值和最小值分别为 10 和 0（即与交易效率正相关的指标中，数值最高的得分为 10，最低为 0；如果是负相关，则单项指标数值最高的为 0，最低的为 10），从而将所有的基础指标的得分都转化为与交易效率正相关。各个省份依据各自的原始数据计算出的基础指标得分将处于 0 到 10 之间。当然，为了使各地区的指数评分可以同以前年份相比，基期以后的年份最高和最低分允许大于 10 或小于 0。

其次，合成单项指标和方面指标。其中，单项指标由基础指标加权计算，然后再由属于同一方面的几个单向指标按照一定的权重合成方面指数。各方面指数是由其所属各单项指数加权平均构成。

最后，由 6 个方面指数按照一定权重合成总指数。

对于权重的选择，同样使用主成分分析方法来确定各指标的权重，以避免主观因素的干扰。

4.4.3 数据来源及处理

地区层面交易效率的计算中，数据的获得及其质量是个重要的问题，在我们的计算中，数据的收集和处理中有如下问题。

能源基础设施的计算中，西藏缺少全部的最终能源消费量数据，我们使用了海南省的数据进行替代，个别省份缺少 1978～1985 年的数据，我们使用了邻近省份的数据替代。

由于邮电业务总量（BVPTS）1949～1956 年按 1952 年不变单价计算，1957～1970 年按 1957 年不变单价计算，1971～1980 年按 1970 年不变单价计算，1981～1987 年按 1980 年不变单价计算，1988～1989 年按 1988 不变单价计算，1990～2000 年按 1990 年不变单价计算，2001 年以后按 2000 年不变单价计算，本书统一折算为 2000 年单价。电话普及率 1990 年起含移动电话用户，以前为固定电话用户普及率。实际利用外资额的单位为 "亿美元"，因此，先按照当年平均汇率折算成人民币。1989 年及以前金融机构存贷款余额为国家银行存贷款余额；金融机构包括人民银行、政策性银行、国有独资商业银行、邮政储蓄机构、其他商业银行、城市合作银行、农村信用社、城市信用社、外资银行、信托投资公司、租赁公司、财务公司等。生产性财政支出

1978～2006 年包括基本建设支出，增拨企业流动资金，挖潜改造资金和科技三项费用，文教、科学、卫生支出等几项；2007 年、2008 年包括教育、科技、工业金融等事务三项。

1999～2003 年、2005～2008 年工业总产值数据以及 1998～2008 年的国有及国有控股企业工业总产值数据，除福建、云南、陕西、西藏外，来源于国务院发展研究中心宏观数据库（http：//219. 246. 145. 30/DRCNet. OLAP. Web/NewSelect/SelectOLAP. aspx？olap＝宏观经济数据 &cubes＝宏观年度数据 &chnid＝100264）。1998 年、2004 年工业总产值数据取前后两年的平均值。

城市化率测量中，河北省缺少 1978～1999 年、四川省缺少 1978～2004 年的城镇人口数据，因此，采用非农业人口占总人口的比例来衡量，这会导致城镇化率比其他省份略有降低；福建省缺少 1978～1981 年、1983～1989 年、1991～1999 年的城镇人口数据，因此，仍然采用非农业人口数据。采用《新中国 60 年统计资料汇编》中吉林省的城镇人口数据计算的城市化率在 1993 年就达到了 83.2%，2000 年达到 88.8%，似乎不可信，因此，我们采用非农业人口占总人口的比重进行代替。陕西省城乡人口 2000 年及以前按行政区划统计，2001 年及以后为人口变动情况抽样调查推算数据，由此导致 2000 年前后的城镇化率变动很大，因此，统一采用非农业人口数据进行计算。

福建缺少 1978～2000 年、山东省缺少 1978～2001 年的电话普及率数据，我们使用市内电话数（万户）比城镇人口来代替。河北省 1995 年电话普及率数据为市内电话、农村电话之和与总人口的比率。

政府行政效率的测量中，福建省缺少 1978～1994 年的一般预算财政收入数据，我们使用了其相应年份的财政总收入作为替代，对数据的影响是财政总收入比一般预算收入略高，但 1994 年以前这个差别并不大。四川省缺少 1978～1984 年地方财政收入、科教文卫事业费和行政管理费数据，我们使用相邻省份贵州处理后的数据进行了替代。

如果没有特别说明，其他数据来自国家统计局《新中国 50 年统计资料汇编》《新中国 55 年统计资料汇编》《新中国 60 年统计资料汇编》以及各省相关年份的统计年鉴。

地区层面的交易效率指数的测算涉及各省份的 24 个基础指标，各地区的相关数据获得远比全国数据困难，许多年份的数据缺失或不同统计资料上的数据不一致，甚至有些数据明显是不合理的，虽然有许多的方法可以补足这些数据，但这必然降低最终计算出来的指数的质量。

4.4.4 中国地区交易效率指标的计算与分析

与全国层面的交易效率的衡量一致，我们先对原始数据进行无量纲的标准化处理形成基础指标，在计算出来的基础指标值的基础上采用主成分分析法确定各自的权重，然后分别计算出六个方面的指标，再次运用主成分分析法确定权重，最终计算出各地区交易效率指数。

由主成分分析法计算出来的各地区交易效率各基础指标和方面指标的权重如表 4-5 所示。

表 4-5　　　　　　　　　地区交易效率衡量指标权重

方面指标	权重	一级分指标	权重	二级分指标	权重
基础设施	0.4793	交通基础设施	0.4613	铁路营业里程密度	0.5604
				公路里程密度	0.659
				内河航道里程密度	0.5017
		通信基础设施	0.4803	人均邮电业务总量	0.7071
				电话普及率	0.7071
		能源基础设施	0.3283	人均能源消费量	
		金融基础设施	0.4868	年末金融机构贷款余额占 GDP 的比重	
		农业生产条件	0.4602	有效灌溉面积占农作物总播种面积的比重	0.7071
				农村人均用电量	0.7071
市场化	0.4585			非国有经济在工业总产值中的比重	0.5768
				非国有经济在全社会固定资产总投资中所占比重	0.6479
				国有企业职工占总人口的比重	0.4974

续表

方面指标	权重	一级分指标	权重	二级分指标	权重
城市化	0.4762	城镇化率		城镇人口占总人口的比例	%
公共服务	0.4857	教育服务	0.7071	高等学校的专任教师数占总人口的比例	0.7358
				普通中等学校专任教师数占总人口的比例	0.6578
				小学的专任教师数占总人口的比例	−0.1607
		医疗服务	0.7071	每千人执业医师数	0.7071
				每千人口医疗机构床位数	0.7071
对外开放	0.1459			进出口额占 GDP 的比重	0.7071
				实际利用外资额占 GDP 的比重	0.7071
政府行政效率	0.276			每单位行政管理费用所对应的 GDP 总量	0.5736
				科教文卫事业费在一般预算财政支出中的比例	0.4082
				财政支出占 GDP 的比重	0.6613
				财政收入占 GDP 的比重	−0.2587

从表 4-5 中可以看出，公共服务、基础设施、城市化、市场化被赋予了较高的权重，而政府行政效率、对外开放的权重并不高。无论是从全国的层面还是从各地区的层面，政府在交易效率的改善中都起到了重要作用，政府提供的公共服务和公共产品有助于交易效率的改善，而行政效率的状况同样与交易效率的改善息息相关。

表 4-6、表 4-7 给出了代表性年份各省份的交易效率指数值及其排名①。表 4-6 列出的是主要的代表性年份各省份交易效率的指数值，总体上看，自1978 年以来，各省份的交易效率指数值都有了显著提高，这一点和全国交易效率综合指数所表现出来的趋势是一致的。可以看出，1978 年交易效率最高

---

① 详细的各省份的交易效率的指数值见附录 4-1。

的地区是北京，紧随其后的是上海、天津等地区，而交易效率最低的是贵州、甘肃等地区；经过三十多年的发展，从 2008 年来看，交易效率高的省份基本都集中在东部地区，最高的依次为上海、北京、天津、广东、浙江、福建、江苏等省份，而交易效率最低的地区却是安徽，其后依次是贵州、甘肃、吉林、湖南、四川（含重庆）等西部和中部地区省份。我们计算了各省份的年均交易效率变化情况，从交易效率的提高的速率上看，交易效率有较快增长的地区仍然主要集中在东部地区，依次是浙江、福建、上海、江苏、广东等省份。

表 4 - 6　　　　　　　　　　代表性年份各省份交易效率指数值

年份	1978	1990	1995	2000	2005	2007	2008
北京	25.7317	89.4321	130.6880	218.6050	312.0302	433.6606	488.5028
天津	20.8022	37.6855	92.7862	149.9904	239.4318	344.9991	382.2440
河北	8.1517	16.0583	27.7611	47.6060	96.1923	138.7023	165.7775
上海	24.5660	49.5490	114.9906	188.3213	385.7851	597.2967	669.3545
江苏	9.7027	21.4804	52.7954	83.9844	157.0002	229.4942	259.8865
浙江	9.4789	19.3199	42.9043	97.5952	209.4278	294.4515	326.0163
福建	9.1406	28.5675	79.3164	109.6389	181.7040	241.8165	262.8720
山东	10.0090	17.7046	36.3954	54.5456	106.4099	155.0638	174.2173
广东	13.8031	30.4606	78.6817	108.7576	241.8039	326.4381	366.5424
辽宁	14.0658	27.9400	48.2366	89.5330	135.5161	196.8942	219.1854
海南	9.1541	31.5894	95.4038	66.5354	111.7315	168.2169	200.8246
山西	9.5134	15.9167	24.1700	42.0788	95.5249	139.3428	166.8423
吉林	10.6418	19.4515	39.7924	47.1683	83.3037	111.7380	120.3459
黑龙江	10.0260	17.8548	30.8889	60.5318	100.7540	139.9961	160.0325
安徽	6.1415	12.2825	23.7841	33.4335	58.3504	86.8728	98.9841
江西	6.6639	12.4214	22.5666	32.5908	79.3123	110.5583	127.0612
河南	7.0497	12.3912	20.1803	28.8363	69.1389	107.7144	124.4460
湖北	9.6585	16.9002	31.9466	37.6027	79.3904	109.1662	127.7813

续表

年份	1978	1990	1995	2000	2005	2007	2008
湖南	7.6840	12.3974	22.4236	35.1579	69.8536	104.2792	120.8890
内蒙古	7.8637	13.9224	33.5079	43.3297	98.7082	157.7205	190.4867
广西	6.5032	13.6968	31.1514	39.9742	76.4029	104.7908	126.3077
四川	7.7821	13.6668	21.9948	32.4488	67.4430	99.9881	121.5247
贵州	4.2387	12.1449	18.8082	23.4766	53.8542	81.9805	99.3360
云南	5.4657	11.6514	21.5033	35.7562	71.2238	109.3304	134.7536
陕西	7.7440	13.9981	25.2335	39.1305	96.6787	143.9087	166.4917
甘肃	5.3164	11.5788	18.9883	28.9543	61.5790	90.7864	109.6082
宁夏	10.0341	15.5141	27.3964	45.4118	95.0183	137.6350	156.3866
新疆	8.6105	18.0024	27.0060	42.6761	98.1214	150.4386	180.5271
青海	9.5761	14.6122	18.5286	24.8882	74.8653	105.5045	128.2632
重庆	7.0919	11.9911	24.1692	44.1795	88.2383	138.0669	160.0420
西藏	7.8963	11.8936	13.5490	24.3244	65.1688	107.5115	139.0358

表 4 – 7　　　　　　　代表性年份各省份交易效率指数排名

年份	1978	1980	1985	1990	1995	2000	2005	2007	2008
北京	1	1	1	1	1	1	2	2	2
天津	3	3	3	3	4	3	4	3	3
河北	18	18	13	15	16	12	15	16	15
上海	2	2	2	2	2	2	1	1	1
江苏	10	8	7	8	7	8	7	7	7
浙江	14	10	10	10	9	6	5	5	5
福建	16	9	6	6	5	4	6	6	6
山东	9	6	8	13	11	11	9	11	12
广东	5	5	4	5	6	5	3	4	4
辽宁	4	4	5	7	8	7	8	8	8
海南	15	16	12	4	3	9	10	9	9

年份	1978	1980	1985	1990	1995	2000	2005	2007	2008
山西	13	11	15	16	20	18	16	15	13
吉林	6	7	9	9	10	13	19	19	28
黑龙江	8	12	17	12	15	10	11	14	17
安徽	28	27	26	26	22	24	30	30	31
江西	26	20	24	23	23	25	21	20	23
河南	25	24	25	25	27	28	26	23	25
湖北	11	14	14	14	13	21	20	22	22
湖南	23	21	22	24	24	23	25	27	27
内蒙古	20	22	20	20	12	16	12	10	10
广西	27	26	19	21	14	19	22	26	24
四川	21	19	21	22	25	26	27	28	26
贵州	31	31	31	27	29	30	31	31	30
云南	29	29	29	30	26	22	24	21	20
陕西	22	23	23	19	19	20	14	13	14
甘肃	30	30	30	31	28	27	29	29	29
宁夏	7	17	18	17	17	14	17	18	18
新疆	17	13	11	11	18	17	13	12	11
青海	12	15	16	18	30	28	23	25	21
重庆	24	25	28	28	21	15	18	17	16
西藏	19	28	27	29	31	29	28	24	19

表 4 - 7 展示了代表性年份各省份的交易效率指数排名情况，1978 年交易效率指数排名前十位的是：北京（1）、上海（2）、天津（3）、辽宁（4）、广东（5）、吉林（6）、宁夏（7）、黑龙江（8）、山东（9）、江苏（10），十个省份中包括 7 个东部省份、2 个中部省份和 1 个西部省份。1978 年交易效率指数排名在 11 ~ 20 位的依次是：湖北（11）、青海（12）、山西（13）、浙江（14）、海南（15）、福建（16）、新疆（17）、河北（18）、西藏（19）、内蒙古（20），十个省份中包括剩余的 4 个东部省份、2 个中部省份和 4 个西部省

份。1978 年交易效率指数排名在 21 ~ 31 位的依次是：四川（21）、陕西（22）、湖南（23）、重庆（24）、河南（25）、江西（26）、广西（27）、安徽（28）、云南（29）、甘肃（30）、贵州（31），包括 4 个中部省份和 7 个西部省份。可以看出，从 1978 年开始东部省份的交易效率就明显地高于中西部省份，当然也有个别西部省份交易效率较高。然而在随后的 30 年中，尽管各个省份的交易效率都有了较大提高，然而东部省份整体的提高速度更快，从而使交易效率的排名发生了较大变化。2008 年交易效率指数排名前十位的是：上海（1）、北京（2）、天津（3）、广东（4）、浙江（5）、福建（6）、江苏（7）、辽宁（8）、海南（9）、内蒙古（10），这十个省份中有 9 个是东部省份，只有 1 个西部省份；2008 年交易效率指数排名前 11 ~ 20 位的依次是：新疆（11）、山东（12）、山西（13）、陕西（14）、河北（15）、重庆（16）、黑龙江（17）、宁夏（18）、西藏（19）、云南（20），十个省份中包括 2 个东部省份，2 个中部省份和 6 个西部省份。2008 年交易效率排在 21 ~ 31 位的依次是：青海（21）、湖北（22）、江西（23）、广西（24）、河南（25）、四川（26）、湖南（27）、吉林（28）、甘肃（29）、贵州（30）、安徽（31），十一个省份中包括 5 个西部省份和 6 个中部省份。一个重要的变化是，东部省份的交易效率提高得更快，而中部省份不仅相对于东部地区甚至相比西部省份，交易效率的提高也是缓慢的。

　　图 4 - 2 刻画了东中西部地区各省历年交易效率的平均值变化的情况，可以看出，在改革的初期，各地区各省份交易效率的差距并不大，随着改革的深入，各地区的交易效率出现了比较大的分化，东部地区各省份交易效率有了明

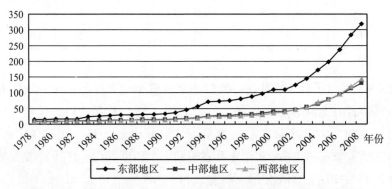

图 4 - 2　1978 ~ 2008 年东、中、西部地区各省份交易效率平均值

显而迅速的提高，尤其是在 1993 年之后，东部地区各省份的交易效率进入了较快提高时期。而中部地区和西部地区的交易效率始终变化不大，直至 2000 年之后才有了较为明显的变化，这不由得让人想起，正是在这个时间点上国家实施了西部大开发战略。

表 4 - 8 描述了历年中国地区交易效率指数变化的统计特征。我们计算了 1978 ~ 2008 年中国各省份交易效率指数值的变异系数和基尼系数，以此来分析中国各地区交易效率的总体差距。变异系数反映的是单位均值上的离散程度，不受单位不同和平均值不同的影响，一般用于两个总体均值不等的离散程度的比较上，其值等于标准差除以平均值。基尼系数主要用于衡量社会收入分配的差异，这里我们使用基尼系数来衡量地区交易效率的差异。各地区交易效率的基尼系数计算方法如下：

$$G_{tr} = 1 + \frac{1}{n} - \frac{2}{n^2 \text{MEAN}}(\text{TR}_1 + \text{TR}_2 + \text{TR}_3 + \cdots + n\text{TR}_n) \qquad (4.3)$$

其中，G_{tr} 为历年各地区交易效率指数的基尼系数；n 为地区个数；TR_n 代表第 n 个地区的交易效率指数值；MEAN 为某年各地区交易效率指数的平均值。

表 4 - 8 给出了 1978 ~ 2008 年各省份交易效率的变异系数和基尼系数的数据，总共包括 31 各省份，不包括港、澳、台地区。图 4 - 3 直观地表述了历年变异系数和基尼系数的变化趋势，总体来看，各省份交易效率的差异表现为在波动中不断缩小的趋势。值得注意的是，变异系数和基尼系数在 1983 年出现了剧烈的变化，这主要是由于北京的交易效率突然从 1982 年的 30.40558 提高到 1983 年的 93.33986，随后一直维持在较高的效率水平上。北京的这种变化主要是由于在 1983 年北京的进出口总额突然出现了猛增①，由此导致 1982 年前后计算出来的数据质量有差异，1978 ~ 1982 年北京的交易效率指数和这几年的基尼系数有可能变小了，这需要我们进一步研究。

---

① 北京市进出口总额 1983 年以前为外贸业务统计的北京地方进出口数据（不含中央单位），1983 年起为海关统计的北京地区进出口数据（包括中央单位），由于资料有限，无法进行调整。

表 4 – 8   1978～2008 年各地区交易效率的变异系数与基尼系数

年份	变异系数	基尼系数	年份	变异系数	基尼系数	年份	变异系数	基尼系数
1978	0.506743	0.230736	1989	0.753248	0.29375	2000	0.761892	0.355427
1979	0.5262	0.237601	1990	0.735428	0.295077	2001	0.756991	0.341027
1980	0.539419	0.246281	1991	0.711114	0.307097	2002	0.715711	0.329475
1981	0.50657	0.238785	1992	0.709012	0.322266	2003	0.693358	0.321777
1982	0.49784	0.23262	1993	0.730396	0.342967	2004	0.66526	0.315836
1983	1.068931	0.33437	1994	0.732393	0.346473	2005	0.653205	0.302608
1984	1.07332	0.330541	1995	0.73435	0.351217	2006	0.658621	0.301885
1985	1.00401	0.317883	1996	0.749943	0.354019	2007	0.653332	0.296414
1986	0.969882	0.312204	1997	0.74673	0.351015	2008	0.624792	0.28333
1987	0.83784	0.291362	1998	0.780387	0.359784			
1988	0.832831	0.302412	1999	0.794691	0.359346			

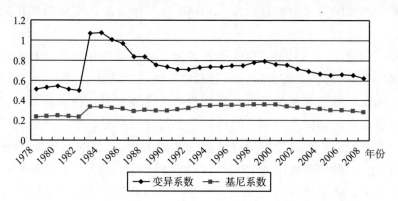

图 4 – 3   1978～2008 年各地区交易效率变异系数与基尼系数

4.5 本 章 小 结

交易效率的内涵和外延仍然是一个有待深入研究的重要问题，本章从交易效率的不同层面开始，认真分析了交易效率的不同影响因素和交易效率提高的源泉，然后借助于全国时间序列数据和地区面板数据计算了交易效率指数，测度了中国的交易效率。

　　宏观层面的交易效率改善来源于资源配置效率的提高、外部治理环境的改善，因此，我们在构建交易效率指数的时候主要是从基础设施、市场化程度、城市化、对外开放程度、政府提供的公共服务等方面选择了不同的指标进行考察。自1978年以来中国的交易效率除个别年份略有降低外始终处于上升态势，这是符合中国的实际变化的，然而值得注意的是，这种交易效率的变化和基础设施的变化高度一致，尤其是和交通基础设施的变化具有较强的相关性。然而这种基础设施对交易效率提高的持续促进作用是值得警惕的。换句话说，中国在提高交易效率方面的努力可能存在着偏差。基于同样的六个维度，在根据数据的可得性进行了取舍后，我们计算了地区层面的交易效率。各个不同的省份交易效率都呈现出在波动中上升的趋势，尽管东中西部地区的交易效率平均值呈现出明显的不同，但从历年不同省份交易效率的基尼系数上来看，却有日益缩小的态势。1978～2008年，东部地区各省份都表现出相对较高的交易效率，如果说在经济转型之初，中西部地区在交易效率排名前十中还有一席之地的话，到了2008年基本上交易效率指数排名在前十的基本都是东部地区了。在这个演化的进程中，东部地区各省份表现出了较快的提高趋势，从而强化了其在交易效率上的差距；与此同时，西部地区各省份也表现出了积极的变化，交易效率提高的速度较快，尤其是内蒙古自治区和陕西省，分别从1978年的排名第20位、22位提高到2008年的第10位和第14位，这和它们在经济增长的表现也是　致的，在利用泰尔指数测算的地区经济增长差距中，这两个省份就表现抢眼，显现出与其他西部省份不同的发展势头。相比之下，中部地区各省份交易效率的提高表现不佳，明显落后于东部和西部地区，在经济转型之初，中部地区和西部地区各省份的交易效率表现不相上下，而经过了三十年，中部地区明显落后了，2008年各省份交易效率指数排名最后十一名中有六名属于中部地区，另外两省也仅列第13位和第17位。这种表现不由得让人想起中部地区各省份在经济增长上的表现。

第 5 章

交易效率、要素积累与技术进步：
关于经济增长源泉的争论与检验

关于经济增长的源泉始终是经济增长理论的重要内容，无论是在理论上还是经验上都进行了大量的研究。像中国、俄罗斯等国家的经济转型无疑为经济增长理论的研究提供了天然的试验，尤其是中国这样的转型国家更是为经济增长的研究提供了宝贵的研究样本。因此，不仅仅是国内的经济学家，也包括大量的国外经济学家对中国经济的发展充满了好奇和关注。是什么原因造成了中国 30 多年的高速经济增长？这种经济增长是否可以持续？类似的种种问题始终吸引着大量的注意力和研究。

而关于中国经济增长的源泉，认为可以归因为要素积累、制度变迁、经济结构、技术进步等方面的声音和争论始终存在。而从交易效率的角度寻找经济增长的动力机制的研究并不多见，然而前面的研究已经发现，中国的经济增长和交易效率的变化是密切相关的。因此，本章从交易效率、要素积累、技术进步的角度探讨中国经济增长的源泉，分析各种因素对经济增长的贡献。其中，第 5.1 节为引言，第 5.2 节为对中国经济增长源泉的理论分析，第 5.3 节为对中国经济增长的源泉进行经验检验，第 5.4 节是本章小结。

5.1 引　言

不论是从经济增长本身还是地区经济差距的角度，正确理解中国经济增长的源泉①都至关重要。这不仅是为了找到过去三十年我们快速增长的原因，更是为了清楚地判断我们经济增长的质量、经济发展的模式以及经济增长的可持续性和潜力。

改革开放以来，中国经济经历了长达 30 多年的高速增长，取得了令世人瞩目的成就。1979 ~ 2008 年，国内生产总值平均增长率达到了 9.8%，人均国内生产总值年平均增速 9.5%，创造了"中国经济奇迹"（林毅夫、蔡昉、李周，1994）[1]。多年来，对于中国经济增长源泉的关注就一直没有停止过，大量的研究致力于探讨中国经济增长的源泉，然而截至今日仍然没有一个能为大多数人所接受的结论。概括起来，可以认为已有研究从以下几个角度探索了中国经济增长的动力源泉。第一个角度认为，中国高速经济增长来源于要素投入的高增长，投入的增加是我国各地区经济起飞的最本源的动力（克鲁格曼，1999；邓翔、李建平，2004）[152,177]，包括物质资本和人力资本的积累，劳动参与率的增加，以及部门间劳动力的转移。早期的研究重点考察劳动、资本等要素投入对中国经济增长的贡献，后期越来越多的文献开始考察劳动、物质资本、人力资本、FDI 等要素投入对中国经济增长的贡献。蔡昉、王德文、都阳（2001）通过分析中国经济增长可持续性与劳动贡献，认为劳动力市场发育的滞后最终会影响经济增长速度[57]；张军（2002）认为，改革后的中国经济表现出"粗放增长"的特征，相对于产出的增长，资本的形成加快了[178]。从这个角度对中国经济增长源泉的研究很多。第二个角度认为，中国经济增长是资源配置效率提高的结果，包括联产承包这样的农业制度创新、国有企业改革、财政分权以及财政金融等领域的改革等措施促进了资源的充分利用和优化配置。从这个角度进行的研究，归纳起来，主要的结论有，比较优势和发展战略（林毅夫等，2004、2006）[25,179]、竞争和产权制度（刘小玄，2003）[180]、市场化和经济体制改革（樊纲等，2003）[172]对我国经济增长具有决定性影响。研究中，制度得到了越来越多的重视。很多研究认为，制度通过约束要素投入和要素配置效率来影响经济增长，即物质资本和人力资本作用包含制度贡献，产权制度是我国现阶段经济增长的最主要动力（李富强、董直庆、王林辉，2008）[181]。第三个角度是从技术进步的角度理解中国的经济增长。当然我们也注意到，采用不同方法对中国技术进步水平的测定，最高结果与最低的结果

---

① 有两种方法核算经济增长的动力：第一种是增长核算法，即从总产出的角度进行分析和计算；第二种方法是从总需求的角度将总产出分解为投资、消费和净出口三个方面。本书采用了第一种方法，因此，也主要对使用第一种方法的研究进行综述。

相差接近 5 倍[182]。已有文献中，研究中国技术进步主要的分析工具是利用索洛（Solow，1957）提出的新古典经济增长模型对经济增长率进行分解，将经济增长归因于要素投入的增加和全要素生产率（TFP）的提高两方面。重点研究全要素生产率的变化。对于中国全要素生产率的测算和分解充满了争论，许多研究使用各种估算方法对中国全要素生产率的估算基本认为，中国的全要素生产率自 1978 年改革开放以来呈现出基本上升的趋势，但在 20 世纪 90 年代中期以后呈下降的态势（Gary Jefferson et al.，2000；张军，2002；胡鞍钢、郑京海，2005；等等)[183,178,184]。

无论是从资源配置效率还是全要素生产率的角度解释中国经济增长的源泉都是有一定局限性的。全要素生产率的增长并不能保证资源的有效配置（郑玉歆，2007)[185]。同时，根据一般均衡理论可以推知，静态配置效率的改进对经济增长的贡献会随着市场化程度的提高而趋于下降，因此，资源从低收益部门向高收益部门的转移所带来的经济增长很可能是一次性的，一旦经济缺乏持续的和动态的改进机制，那么推动经济进一步增长的源泉只能依靠资本积累的持续提高。这个解释框架对于理解中国经济增长的事实似乎具有很强的解释力，中国经济增长在 1992～2002 年所表现出的下降趋势大概可以由过度的工业化进程来解释，1992 年以后全要素生产率出现了显著地恶化，资本形成相对于产出的增长加快了（张军，2002)[178]。持类似观点的还有很多，然而，也有许多研究得出了相反结论，Chow 和 Li（2002）发现尽管 1952～1978 年中国的 TFP 保持不变，但 1978 年以后 TFP 大约以每年 3.0% 的速度增长，对中国经济增长的贡献率为 32%[186]。Wang 和 Yao（2003）也得出了类似结论，他们在加入了人力资本因素后，发现在改革开放前 TFP 对中国经济增长的贡献是负的，而在 1978～1999 年却达到了 25.4%，在整个 1953～1999 年 TFP 对经济增长的贡献仅为 0.2%[187]。刘丹鹤、唐诗磊等（2009）认为全要素生产率增长对中国经济增长的贡献率为 27.5%，但是不同时间段全要素生产率的贡献度是不一样的[188]。

TFP 也称为索洛残差，是指剔除要素投入贡献之外所得到的残差，包括各要素投入（如资本和劳动投入）之外的技术进步和能力实现等导致的产出增加。早期对于中国 TFP 的研究主要有陈宽等（Chen et al.，1988)[189]、谢千里等（Jefferson et al.，1992)[183]、道拉尔（Dollar，1991)[190]、格罗夫斯等（Groves et al.，1994)[191]、黄和孟（Huang & Meng，1995)[192]、萨克斯和胡永泰（Sachs & Woo，1997)[193]、黄勇峰和任若恩（2002)[194]、张军和施少华

(2003)[195]。他们有的从整体经济或者区域经济入手，有的从行业入手，有的从所有制结构入手计算了中国经济增长中的全要素生产率，然而结论并不一致。可能的原因有：（1）模型设定不同，有的使用了科布—道格拉斯生产函数，有的使用了超越对数生产函数。而在科布—道格拉斯生产函数中，资本和劳动的产出弹性的确定是个问题，各地区的资本和劳动的产出弹性是不同的，简单地赋予某个值无疑会影响最终的结论。（2）变量选择和处理的不同，劳动投入和资本是模型中最重要的两个变量，对于劳动是使用包含人力资本的劳动还是普通劳动，人力资本怎么衡量，物质资本存量如何计算都没有一致的计算方法和数据，必然影响结论的一致性。（3）模型估计方法的差异，目前所主要使用的前沿分析法中，是使用 SFA 还是 DEA 缺乏严谨的探讨，而通过比较两种方法的结论从而确定哪种方法更适合中国的情况无疑是不恰当的。

　　除此之外，这样的经验研究存在的问题很快被一些学者注意到：一是 TFP 估计方法本身存在的问题，在新古典经济增长理论中，TFP 应该仅限于非体现的、外生的、希克斯中性的技术进步，然而已有的经验研究很少真正采用这个概念，要想确定要素投入的质量变动在多大程度上被识别是相当困难或者是不可能的。二是 TFP 包含的"噪声太多"。使用索洛余值法（SRA）测算全要素生产率，其关键是假定所有生产者都能实现最优的生产效率，从而将产出增长中要素投入贡献以外的部分全部归结为技术进步（technological progress）的结果，这部分索洛余值后来被称为全要素生产率（李京文等，1998）[196]。也就是说，将全要素生产率增长的组成部分混同于技术进步。因此，所测算出来的 TFP 其实是许多影响经济增长的因素共同作用的结果，包含了太多的"噪音"。基于此，后期的对中国经济增长的分析要么不再对 TFP 进行测算，只对经济增长现象的把握和总结来分析中国经济增长 TFP 可能增长的轨迹（郑玉歆，1999[197]；易纲等，2003[198]）；要么改变索洛余值法对 TFP 分析的过强函数假设，利用数据包络分析、随机生产前沿函数等非参数估计方法对 TFP 进行进一步的分解，更深入地分析资源配置、技术效率、技术进步、规模效率、产业结构、资本空间聚集等对经济增长的影响（颜鹏飞、王兵，2004[65]；胡鞍钢、郑京海，2005[184]；涂正革、肖耿，2005[199]；王志刚、龚六堂等，2006[200]；徐瑛、陈秀山、刘凤良，2006[201]；刘伟、张辉、黄泽华，2008[202]；吕冰洋、余丹林，2009[203]）等。越来越多的研究认识到，将投入要素之外所有影响经济增长的因素都定义为技术进步是不恰当的，特别是对于中国这样一个剧烈变革的社会来说，资本、劳动力、技术进步、体制的变化、经济活动空间格局的演变、人力资本的迅速积累等都对经济增长产生深刻的影响[201]。如郑京海、胡鞍钢（2005）发现 1979~2001 年中国 TFP 的增长主要依靠技术进步的增长[184]。颜鹏飞、王兵（2004）则认为中国 TFP 的增长主要是依靠技术效率的提高，并指出人力资本和制度因素对 TFP、效率提高以及技术进步均有重要的影响[65]。岳书敬、刘朝明（2006）引入人力资本要素后，发现 1996~2003 年我国 TFP 的增长得益于技术进步而非技术效率[204]。王志刚等（2006）分析了国有企业比重、财政支出比重、出口比重等因素对技术效率的影响，认为全要素生产率主要由技术进步率决定[200]。类似的文献还有郭庆旺等（2005）[205]以及赵伟、马瑞永（2005）[42]等。

这些经验研究发现，在一定历史时期，技术效率提高对经济增长的贡献并不亚于技术进步。更进一步，吕冰洋、余丹林（2009）研究了效率在中国区域经济发展中的重要作用，但其效率仍然指的是技术效率和要素配置效率[203]。尽管越来越多的研究已经注意到效率在中国经济增长中的作用，但已有研究中仍有几点需要注意。

关于"效率"的定义和包含内容是模糊的。运用索洛所提出的方法对经济增长因素的分解中，全要素生产率是指扣除了资本投入和劳动投入的贡献以外其他所有能够促进经济增长的要素的贡献总和，全要素生产率的变化可以进一步分解为：技术效率变化、技术进步、规模效率变化、资源生产效率变化（Kumbhakar and Lovell，2000）[206]。技术效率用来衡量一个企业在等量要素投入条件下，产出与最大产出（生产前沿，production frontier）的距离。距离越大，则技术效率越低。技术进步则表明了生产可能性边界随时间变化的轨迹，即生产可能性边界向外移动。规模效率变化体现出要素投入产出的变化，如果规模报酬递增且要素投入增加，或是规模报酬递减且要素投入减少，那么规模效率变化对全要素生产率变化起推动作用。早期的研究将技术进步等同于 TFP，后期的许多研究注意了技术进步、技术效率、规模效率等的区别，进而在研究中将 TFP 分解为技术进步和技术效率提高。然而，微观层面的"技术效率"始终和宏观层面的"效率"是有区别的。前者指的是企业在生产过程中由实际生产点向生产可能性曲线的移动，是在现在有技术水平提高下，对生产要素的利用效率提高；而后者的内涵要丰富得多，既包括企业管理效率的改善，也包括由于制度、市场化程度、公共品供给等原因而导致的企业外部经济运行环境的改善以及资源配置效率的改善等。其实质是交易效率的变化，因此，将其称为"交易效率"更为妥当。

5.2　对中国经济增长源泉的理论分析

回顾中国的改革历程，很明显不同于成熟的工业化国家，也不同于俄罗斯和东欧的转型国家。众所周知，1978 年以来的中国经济增长是在没有完整的改革方案的背景下发生的（张军，2002）[178]，初期从增量改革开始，在计划经济体制内部开始引入市场机制改革，1993 年正式提出建立社会主义市场经济体制，2003 年开始完善社会主义市场经济体制，整个改革进程同时混合了转轨经济、新古典式经济增长的诸多元素和特征。因此，我们认为，中国改革开放以来经济增长的独特性决定了其经济增长必然是一个多种因素综合作用的结果。

经济转轨的主要目标是改善资源配置效率，主要的手段是放开价格管制，建立竞争性市场体系以配置资源[207]。因此，从宏观层面主要是由计划经济体制向市场经济体制过渡，具体的制度改革涉及价格自由化、产品和要素市场化、解除管制、财政分权、保护私有产权等一系列外部治理结构的改革；从微观层面看，主要目标是提高企业生产效率，尤其是国有企业的活力，因此，对国有企业进行了一系列改革，如结构重组、剥离政策性负担、抓大放小、放权让利、股份制改造等，力图在国有企业中建立现代企业制度。与此同时，鼓励私营企业的发展以增强市场的竞争。这一过程中，资源配置效率的提高以及从第一产业、第二产业中释放出来的巨大隐性失业劳动力成为经济增长的重要推动力。因此，"中国在改革后的高速增长似乎就应该主要由资源在部门间的再配置所产生的静态收益增量来解释"（张军，2002）[178]。

随着市场经济体制的逐渐建立和完善，中国和世界其他国家一样，经济增长的成果同样可以用新古典经济增长理论来解释，中国经济自然也属于新古典式增长（吕冰洋、于永达，2008）[207]。按照新古典经济增长理论，人力资本积累、技术创新和模仿、分工、财政支出的外溢效应等都是经济增长的源泉，其对经济增长的含义：一是资本积累；二是劳动投入的质量和数量的提高；三是全要素生产率的提高。这一理论的基准是索洛模型，已有的很多研究也正是在索洛模型的基础上展开的。然而这一模型的缺陷也为众多的经济学家所认识，因此，Galor（1997）[208]、Jones（1997）[209]、Kumar and Russell（2002）[210]将经济增长源泉进一步细化为资本深化、技术改变和技术追赶。其中资本深化指的是劳均资本的增加，从而代表了要素投入的增加，技术转变指的是生产函数所代表的生产前沿向产出增加方向上的移动，其实质是反映了技术进步的程度，技术追赶指的是在给定生产要素投入水平下，实际产出向生产前沿的移动，其实质是企业生产效率的改善和提高。

我们认为，将除劳动、资本外的所有导致经济增长的因素都归为 TFP 过于宽泛，而导致实际产出向生产前沿移动的因素也不仅仅只包括技术层面的因素，还应该有更丰富的内涵，既包括企业管理效率的改善，也包括由于制度、市场化程度、公共品供给等原因而导致的企业外部经济运行环境的改善以及资源配置效率的改善等，其实质是交易效率的变化。因此，从中国这 30 多年经济增长的特殊性出发，我们认为，中国经济增长的动力来源于：要素投入的积累、技术进步、交易效率的改善以及其他因素。要素投入的积累和技术进步导致生产可能性曲线的外移，而交易效率的提高降低了经济中的运行成本，使企业在生产过程中由实际生产点向生产可能性曲线移动。中国改革开放以来经济的强劲增长正是源于以上种种因素共同作用的结果。

中国经济增长的复杂性可以用图 5-1 来进行说明。生产的可能性边界为 PPF，这是一个经济体在现有技术水平下可能实现的最大的潜在生产能力。我们以横轴代表产品 H 的生产，纵轴代表产品 L 的生产，我们假设 H 为资本密集型的产品或者重化产品，L 为劳动力密集型产品或者是消费品。假设两种产品之间的市场价格线由通过 D 点与 PPF 相切的直线表示，其斜率为两种商品的价格之比，则该点为在现有的资源禀赋条件下该社会资源配置效率最优的点。改革开放前中国初始的状态点可以用 A 点表示，这样一个经济状态反映了中国经济的两重特征：一是过度投资重化工业；二是生产的无效率。长期的计划经济体制下，过度重视重工业，导致资源配置的扭曲。同时，由于所有权不清晰、企业内部治理结构不健全、劳动缺乏激励、由于封闭带来的技术落后等等原因，即使使用了所有的生产要素进行生产，却始终处于无效率的状态（生产要素存在严重的闲置、浪费），因此，其生产的组合点只是位于 PPF 以内的 A 点。我们把 A 点向 B 点的移动定义为静态的配置效率的改善（张军，2002）[178]，而新古典式增长则会导致经济由 A 点向 C 点、D 点向 E 点移动，其典型特征是在规模收益不变的假设下，经济结构很少变动而生产在质和量上都得到了外推（吕冰洋、于永达，2008）[207]。中国的改革是从增量改革开始的，所谓增量改革是相对于存量改革而言的，是指用新增加的资源或收入按市场信号进行配置并从边际上对被扭曲的经济结构进行修正，从而改善资源的配置效率，实现产出的增长（林毅夫等，1994）[1]，很显然，增量改革是通过将新增的积累向受抑制的部门配置，也就是通过在边际上矫正被扭曲的经济结构的方式来推动产出增长的（张军，2002）[178]，新增积累越是向受抑制部门倾斜，增长速度越快（林毅夫等，1994）[1]，这在中国改革开放的初期也得到了验证，在传统发展战略下，通过人为的价格扭曲，重工业得到了优先发展，而农业、轻工业和第三产业的发展始终受到严重抑制，因此，在改革开始后成为承担增量改革任务的主导部门，并获得了迅速发展（张军，2002）[178]。图5-1中表现为 A 点向 D 点的过渡，这种过渡正是表现了中国经济改革开始后的增量改革。然而，仅仅依靠资源配置效率的改善远远不足以支持中国如此高速度的持续经济增长。根据一般均衡理论，当资源配置的结构逐步远离 A 点以后，会随着市场化进程的逐渐加速，产出的增长率将出现递减。① 我们必须注意到在中国经济改革的过程中，要素投入的增加、技术进步以及制度变化等微观主体外在环境的改善是如此明显，因此，中国经济改革并不是从 A 点向 D 点的移动，而是从 A 点向 E 点的移动，这中间既有经济转轨带来的资源配置效率的提高、企业经营内外部环境的改善，也有新古典式增长所需要的种种因素作用的叠加。这种资源配置效率的改善、制度的变化等所导致的微观主体交易环境的变化所带来的效率提高实质是交易效率的改善。从而，我们将中国这30 多年经济增长的动力可以分解为要素投入的增加、技术进步和交易效率的改善。

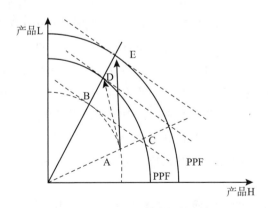

图 5 - 1　中国经济增长的源泉

---

① 理论上讲，这可以是缺乏技术或动态效率改进机制的结果，也可以理解为持续的工业化导致资本的生产力递减的结果（张军，2002）。

如前所述，中国 30 多年经济增长轨迹可以简化为图 5 – 1 中从 A 点向 E 点的移动，而究其增长的源泉，既包括交易效率的改善，又包括要素投入的明显增加和技术进步的提高。从中国经济改革的实际历程看，资源配置效率提高的典型事实是改革初期原有的以重工业为主的"大三线"企业纷纷转产，它体现的是由资本密集型企业向劳动密集型企业转变的资源配置效率改进过程。改革前由于政府采取人为扭曲资金价格的方式，在资金密集型产业上投资过多，抑制了具有比较优势的劳动密集型产业的发展，导致整个经济不能在生产可能性曲线上面进行，造成要素配置效率的损失，改革后重工业优先发展战略向比较优势战略的转变大大提高了要素配置效率（林毅夫等，1994）[1]。除此之外，交易效率改善的典型事实是农业中农村联产承包责任制的试行，以及工业中国有企业，国有企业的"放权让利"改革以及"利改税""承包制""股份制"改革等。这些改革并没有带来多少技术上的变革，只是改变了原有的不合理的分配、管理制度，使产出大大增加了。与此同时，如果宏观层面的交易效率进一步改善，企业面临的外在经济环境由于基础设施、教育、法治、政府生产性支出的增加而改善，经济主体之间交易活动或行政活动的成本降低，交易效率提高，使企业生产效率进一步提高，这促使整个经济体的总产出进一步增加。就要素投入的增加而言，1978 年全国就业人数为 40152 万人，2008 年就业人数达到了 77480 万人，增长了 92.97%，年均增长 2.14%，如果考虑到人力资本水平的提高，则劳动力对中国经济增长的贡献是巨大的。尽管中国并没有公开的资本存量的官方数据，但如果我们以全社会固定资产投资来近似的代表资本的变化，则 1980 年全社会固定资产投资为 910.9 亿元，2008 年达172828.40 亿元，按可比价格计算，全社会固定资产投资增长了 25 倍之多。技术进步是经济持续增长的基本源泉，是改进经济绩效、促进社会福利的主要力量。一些学者将技术进步分为非体现式的、中性的技术进步以及与资本和劳动融合在一起的体现式技术进步两种，中国的技术进步既包括以技术研发、专利等技术创新为主要形式的非体现式技术进步，也包括以引进先进设备和技术、技术模仿等为主的资本体现式技术进步。这两者在中国经济增长 30 多年的历程中都有清楚的表现。

综上所述，中国的经济增长是多种因素共同作用的结果，既包括要素投入的增加和积累，也包括技术进步，更包括交易效率的持续改善。因此，在以上分析的基础上，我们将对中国经济增长的源泉进行经验检验。

5.3 对中国经济增长源泉的经验检验

5.3.1 计量模型设定

我们使用标准的包含人力资本的增长核算模型对中国经济增长的源泉进行核算。借鉴卢卡斯（1988）的内生增长模型，定义了一个包括人力资本贡献的生产函数：

$$Y = AK^{\beta}(uhL)^{1-\beta}h_{\alpha}^{\psi} \quad \psi > 0 \tag{5.1}$$

其中，Y 是总产出；K 是资本存量；u 是劳动者的工作时间比例；h 是以教育水平衡量的劳动力平均质量；L 是劳动力数量；uhL 是人力资本；h_{α}^{ψ} 是人力资本的效应外溢；A 是常数项，代表初始的技术水平。卢卡斯模型的检验模型为：

$$\ln Y_{(t)} = C + \alpha_1 \ln K_{(t)} + \alpha_2 \ln H_{(t)} + \alpha_3 \ln H_{a(t)} + R \tag{5.2}$$

我们设定基础计量模型采用时间序列分析，其对数形式如下：

$$\ln Y_{(t)} = C + \alpha_1 \ln K_{(t)} + \alpha_2 \ln H_{(t)} + \alpha_3 H_{a(t)} + R \tag{5.3}$$

其中，Y 使用 GDP 代替；K 是资本存量，均以 1978 年价格计算；H 是人力资本存量或有效劳动力；$H_{a(t)}$ 是劳动力的平均受教育年限，我们使用 H_a 代替 $\ln H_a$ 是为了更好地直接测量劳动力平均受教育年限对经济增长的溢出效应；C 是常数项；t 是年份；R 是残差项。

为了考察技术进步、交易效率对全要素生产率的影响，我们在式（5.3）的基础上进行了进一步扩展：

$$\ln Y_{(t)} = C + \alpha_1 \ln K_{(t)} + \alpha_2 \ln H_{(t)} + \alpha_3 H_{a(t)} + \ln TR_{(t)} + d\ln RK_{(t)} + \varepsilon_{(t)} \tag{5.4}$$

其中，TR 是交易效率，使用我们上一章中计算出来的中国交易效率指数；RK 是技术进步。对于技术进步的衡量目前还没有很好的指标，借鉴王小鲁等人（2009）的做法，我们使用科技资本存量作为替代变量，科技资本存量是根据逐年的研究与试验发展经费支出计算得出，$d\ln RK$ 是 $\ln RK$ 的一阶差分；$\varepsilon_{(t)}$ 是随机误差项。

由于使用的人力资本计算中没有包括未受过教育的劳动力人口，因此，我们进一步在计量模型（5.4）中加入劳动力数量的对数 $\ln L$，以检验这部分劳动力对经济增长的贡献。

$$\ln Y_{(t)} = C + \alpha_1 \ln K_{(t)} + \alpha_2 \ln H + \alpha_3 H_{a(t)} + \ln TR_{(t)} + d \ln RK_{(t)} + \ln L + \varepsilon_{(t)} \quad (5.5)$$

5.3.2　数据来源与数据处理

（1）产出。使用 GDP 平减指数将各年当年价 GDP 平减为 1978 年价格的实际 GDP，数据来源为《中国统计年鉴（2009）》。实际 GDP 由名义 GDP 除以 GDP 平减指数（1978 年 = 100）而得。GDP 平减指数是由《中国统计年鉴》中公布的国内生产总值指数（上年 = 100）计算而来，t 年的国内生产总值指数（上年 = 100）的定义为：

$$IGDP_t = \frac{GDP_t / DGDP_t}{GDP_{t-1}} \quad (5.6)$$

其中，$IGDP_t$ 为国内生产总值指数；GDP 为名义国内生产总值；$DGDP_t$ 为国内生产总值平减指数。因此，我们可以得到国内生产总值平减指数的环比指数为：

$$DGDP_t = \frac{GDP_t}{GDP_{t-1} \times IGDP_t} \quad (5.7)$$

接下来，通过计算各个时期环比指数的连乘积即可得到以 1978 年为基年的定基指数，即以 1978 年为基年的 GDP 平减指数。以各年的名义 GDP 除以相应的 GDP 平减指数即可得到以 1978 年价格计算的实际 GDP。

（2）资本存量。对于资本存量的估算始终存在争论，许多研究者使用了不同的估算方法。当然，估算资本存量的基本原理仍然是 1951 年 Goldsmith 开创性地运用的永续盘存法（PIM），其基本公式为：

$$K_t = K_{t-1}(1 - \delta) + I_t \quad (5.8)$$

其中，K 为资本存量；δ 为折旧率；I 为当年投资。在资本存量的计算中，关键涉及四个方面的变量：基期资本存量、每年的投资额、投资品价格指数、效率模式的假设以及经济折旧率，不同的研究者在这四个方面所使用的处理方法都有所不同，所以导致关于我国的固定资本存量始终存在争论。本书中使用的各省份的 1978～2006 年的数据来源于单豪杰（2008）[211]，① 2007 年、2008 年的数据我们根据其方法进行了补充。

---

① 感谢单豪杰提供的数据。

（3）劳动力数量。我们使用历年年底从业人员数量衡量我国经济发展中的劳动投入。但中国年底从业人员数量在 1990 年出现了陡增，这是由于 1990 年人口普查将以往漏报人数包括了进来。处理的方法有三种：第一种是 Chow 和 Li（2002）[186]的做法，对数据不进行调整，他们认为使用调整的数据和不经调整的数据对总量生产函数的估计没有影响。第二种是王小鲁和樊纲（2000，2009）的做法，将 1990 年从业人员超常增加的 8580 万人，按 1956 ~ 1973 年历年人口出生量占累计量的比重为权重进行分配并做平滑处理[212,176]。第三种是 Herd 和 Dougherty（2007）的处理方法，假设 1990 年之前就业的漏报比例在时间上是不变的，据此推测出 1990 年之前的就业人数[213]。陈彦斌、姚一旻（2009）[214]、刘丹鹤、唐诗磊等（2009）[188]都采用了王小鲁等人的方法进行了处理，因此，本书也借鉴了他们的做法，1978 ~ 1989 年的从业人员数据来源于王小鲁等（2009）的文献，1990 ~ 2008 年数据来源于《中国统计年鉴（2009）》。

（4）人力资本存量。关于人力资本存量的度量有多种度量方法，如使用大中学生占总人口的比例或者使用劳动力人均受教育年限来衡量一国或一个地区的人力资本水平。借鉴已有的研究，本书使用人均受教育年限来衡量我国的人力资本水平。Wang 和 Yao（2003）计算出了中国 15 ~ 64 岁人口的平均教育年限，但该文忽视了劳动人口和该年龄段人口的差别[187]。王小鲁和樊纲（2000）用全国劳动者受教育年限总和作为人力资本存量的度量[212]。他们以 1964 年、1982 年和 1990 年的 3 次人口普查中得到的全国劳动者受教育程度的数据为基准数据，并根据历年各类学校毕业、肄业、入学和升学人数推算了各类受教育人员加入就业大军的数量，根据人口的年龄构成、历年退休人数、分年龄的人口死亡率和成人教育入学人数等数据推算了历年退出就业的受教育者人数，从而推算了自 1952 年以来的历年人力资本存量数据。

（5）技术进步。我们实用科技资本存量来表示技术进步。科技资本存量是根据历年的研究与试验发展经费支出以永续盘存法计算而得，研究与开发是直接推动技术进步的基础，从而研究与开发的投入在技术创新中起着非常关键的作用。研究与试验发展经费支出的数据来源于历年的统计年鉴，这一指标的统计自 1990 年才开始，对于 1978 ~ 1989 年的数据我们使用政府财政支出中的科技支出来代替，王小鲁等（2009）认为，由于早期的企业研发投入相当有限，所以忽略企业此段期间的研发投入不会造成太大问题[176]。在文章的检验中，使用 lnRK 进行检验时，系数很小也不具备统计的显著性。在王小鲁等人的研究中，认为由于科技资本存量仍然太小，不足以显著影响经济增长，而只有当它加速增长时才显示出对经济增长的贡献，因此，我们在计量模型中使用 dlnRK 而不是 lnRK 来代表技术进步。

（6）交易效率。交易效率无疑是经济增长的重要因素。我们使用上一章中计算出的交易效率指数来衡量 1978 年以来中国交易效率的变化。

5.3.3　回归模型计量结果及其分析

我们对模型（5.2）、（5.3）、（5.4）、（5.5）进行估计，为了纠正自相关带来的偏差，我们使用 Prais – Winsten AR（1）回归方法。估计结果见表5 – 1。

表 5 – 1　　　　　　　　　　　　各模型的估计结果

	模型 1	模型 2	模型 3	模型 4
$\ln K_{(t)}$	0.713757 (16.89 ***)	0.749753 (9.69 ***)	0.700209 (8.66 ***)	0.516602 (4.65 ***)
$\ln H_{(t)}$	1.033042 (2.92 ***)	0.911266 (3.46 ***)	1.331151 (4.44 ***)	2.07415 (2.51 **)
$\ln Ha_{(t)}$	− 0.9247009 (− 1.67)			
$Ha_{(t)}$		− 0.15116 (− 1.27)	− 0.33961 (− 2.55 **)	− 0.27413 (− 2.29 **)
$\ln TR$			0.135005 (0.99 **)	0.110628 (0.81 **)
$d\ln RK$			0.82926 (2.14 **)	0.750646 (1.63)
$\ln L$				− 0.24725 (− 0.48)
_cons		− 9.03632 (− 3.02 ***)	− 13.0551 (− 3.86 ***)	− 18.5895 (− 3.38 ***)
Adj. R^2	0.9985	0.9988	0.9988	0.9988

续表

	模型 1	模型 2	模型 3	模型 4
DW（original）	0.450194	0.473304	1.278189	1.47124
DW（transformed）	0.904423	0.92877	1.6738	1.8584
N	31	31	31	31

注：括号中的数字为 t 值，＊代表在 1% 水平上显著，＊＊代表在 5% 水平上显著，＊＊＊代表在 10% 水平上显著。

可以看出，模型 1 和模型 2 都存在无法纠正的自相关，转型后的 DW 统计量仍然无法通过检验。模型 3 和模型 4 的 DW 统计量虽然有了明显改善。但模型都显示出物质资本和人力资本对经济增长都具有显著的贡献。物质资本的估计值很接近，而人力资本的估计值有一定差距。人力资本的溢出效应为负，说明整个经济不具有规模收益递增的特征。从表 5-1 中的估计可以看出：

第一，交易效率对中国经济增长具有显著的贡献。当我们在模型中引入交易效率后，所估计出的系数显著为正。从经验检验的结果可以看出，对中国经济增长而言，交易效率几乎和以科技资本存量计量的技术进步一样具有同等重要的意义。而这和我们前文对交易效率的分析是一致的。

第二，物质资本始终是中国经济增长的有力动力。在几个模型中，物质资本的系数都显著为正。从 1978 年改革开放以来，中国的工业化和城市化很快进入了高速发展阶段，从而高投资率成为这一阶段的客观需要，同时，由于改革开放之前中国经济发展中劳动力的供给相对充足而资本较为紧缺，这些原因都导致了改革开放之后经济发展对资本的需求远远大于对劳动投入的需求。正是适应这种要求，中国经济中物质资本的增长速度是很快的，1978～2008 年物质资本的年均增长率达到了 10.65%，其对经济增长的贡献度也是很大的，年均贡献率能够达到 53.5%（陈彦斌、姚一旻，2010）[214] 甚至更高。

第三，人力资本对中国经济增长的贡献丝毫不逊于物质资本。中国人力资本对经济增长的重要作用一方面表现为从第一产业中转移出了大量的剩余劳动力，为快速的工业化进程提供源源不断的劳动供给，更重要的是表现为人力资本水平的提高。随着义务教育的普及，劳动力的平均受教育年限有了较大的提高，1979～2007 年，人力资本的平均贡献率达到了 12.2%（陈彦斌、姚一旻，2010）[214]。当然，我们也必须注意到劳动力对经济增长的贡献可能并不是很高，在模型 4 的估计中，劳动数量不仅没有显出显著性，而且符号为负。这说明在使用了人力资本的生产函数中，少数完全没有受过教育的劳动力对经济增长没有显著贡献，从而说明非熟练劳动力在经济中的角色已经逐渐淡出。陈彦斌、姚一旻认为，中国经济从 20 世纪 90 年代开始对劳动力需求的增加一直处于较低的水平。

第四，技术进步对经济增长的贡献较大。以研究和发展投入计算的科技资本存量仍然较小，但是已经表现出越来越快的发展态势。这种科技资本存量的加速增长正在对经济增长产生越来越重要的影响。

5.4　本章小结

在本章中，我们考察了中国经济增长的动力。在卢卡斯增长模型的基础上我们进行了扩展，逐步引入一系列影响中国经济增长的要素并进行经验检验。对于我们所关心的交易效率而言，正如理论分析中所指出的一样，不断提升的交易效率确实对中国经济增长产生了重要的作用。当然，经验检验的结果也清楚地显示出中国经济增长的动力更主要的是依赖要素投入。从要素投入的角度来看，资本的投入依然强劲，也依然对中国的经济增长发挥着重要的贡献，而人力资本的增长和劳动力数量的简单增长相比更为重要，相信今后人力资本数量和质量的提高将对中国经济增长发挥越来越重要的作用。同样，技术进步也发挥了相当重要的作用。

通过对于中国经济增长源泉的检验，我们可以看到中国经济增长中好的变化：交易效率持续提高，技术进步对经济增长的促进作用逐渐加强，这些都反映了中国经济增长模式向好的方向转变的一面。但我们也必须看到这 30 多年经济增长更主要的是依赖要素投入的增长和积累，这样的经济增长方式是值得警惕的。虽然高储蓄模式不可能在短期内迅速改变，但要继续维持如此高的资本形成率是很困难的，与此同时劳动力数量增长趋缓，劳动力成本迅速上升，因此，未来要继续保持高速经济增长是无法继续依赖高的要素投入的。中国未来经济的持续高速增长更应该依赖政府行政效率提高、市场化程度加深、完善社会保障和公共服务体系、提高公共资源配置效率等等所导致的交易效率的提高以及技术进步和通过增加教育投入、改善教育条件所导致的人力资本水平的提高。

第 6 章

交易效率、要素投入、技术
进步与中国地区经济差距

中国经济的诸多问题中，地区之间的经济差距同其高速经济增长一样引人注目。尤其是最近十几年来，中国地区经济差距问题已经成为国内外的研究焦点，这些研究要么借助于统计指标分析、趋同回归分析，要么对全要素生产率进行分解，以此来刻画中国地区经济差距演化的特征和趋势，并进而探讨其背后的原因。这样的研究文献数量众多，然而并没有得到一致的结论。在已有的研究文献中，大多数研究文献基于新古典框架，主要研究劳动、资本、人力资本、技术进步等因素对经济增长的作用并进行了经验检验，几乎没有文献把交易效率的变化及其作用纳入研究中。因此，本书从交易效率、要素投入、技术进步等方面探讨中国地区经济差距变化的内在动力，第6.1节是引言，提出问题，并对已有研究进行了简单述评；第6.2节是对各地区经济增长的影响因素进行理论分析，刻画了各地区要素投入、技术进步、交易效率等因素的变化特征；第6.3节在理论分析的基础上对中国各地区经济增长的源泉进行了经验检验，并分时段、分地区进行了检验，以检查不同时段、不同地区的差异；第6.4节为结论。

6.1 引　　言

地区经济差距问题始终是中国经济发展中的一个重要问题，20世纪90年代以来，我国区域经济差异呈现出不断扩大的趋势（林毅夫、蔡昉、李周，1998[3]；蔡昉、都阳，2000[4]；王小鲁、樊纲，2004[8]；郭庆旺、贾俊雪，

2005[12]；等等）。伴随着改革的进一步深入，这一问题越来越无法回避，而且这一问题始终和调整经济增长方式、改善收入分配状况紧密相连。当然，要想有效地解决这一问题，必须找出我国地区经济差距形成的内在原因，因此，对于地区经济差距的演化和成因的探讨异常丰富，角度也是多种多样。林毅夫和刘培林（2003）考察了经济发展战略对劳均资本积累、技术进步进而对区域经济趋同与差异的影响，认为经济发展战略对我国区域经济趋同与差异的影响至关重要[24]。王小鲁、樊纲（2004）分析了资本、劳动力和人力资本在区域间的流动和配置状况、市场化进程、城市化和农村工业化发展水平的影响，认为这些因素是我国区域间经济差异的相对变动趋势的主要推动力[8]。徐现祥、舒元（2004）研究了物质资本、人力资本、技术进步和技术转移的影响，认为物质资本主导着我国区域经济趋同与差异[215]。郭庆旺、赵志耘、贾俊雪（2005）通过对我国省份经济进行全要素生产率分析，认为全要素生产率尤其是技术进步率差异增大是我国区域经济差异增大的主要原因[205]。彭国华（2005）利用一个简单的带人力资本的 C－D 生产函数研究后认为，TFP 可以解释 1982～2002 年我国各省份收入差距的主要部分，并且 TFP 的变动与收入的变动模式具有同步性[40]。李静等（2006）利用标准的索洛增长方程，对省级人均产出进行不同形式的方差分解也得出了类似的结论：TFP 的差距是解释中国地区差距最主要的因素[60]。颜鹏飞、王兵（2004）[65]，赵伟、马瑞永（2005）[42]，王志刚等（2006）[200]，杨文举（2006）[216]等，也得出了类似的结论。当然，始终都有反对意见。傅晓霞、吴利学（2006）不同意彭国华、李静等人的结论，同样在索洛框架下分析了 1978～2004 年的省级数据，得出的结论是要素积累而非 TFP 才是地区经济差距的主要来源，并且认为前者的贡献份额大约是后者的 3 倍[68]。郭庆旺、贾俊雪（2006）利用趋同核算分析框架和时变参数模型进行分析，认为引发我国 1978～2004 年区域经济差异增大的主要因素按其重要性的先后顺序依次是劳动力市场表现、物质资本投资、人力资本投资、中央财政支出[12]。

　　已有的研究中从交易效率的角度进行探讨的并不多。尽管新制度经济学早已注意到交易效率对于经济增长的重要性，但他们主要是研究了经济发展中的交易成本、交易费用，或者将实证研究的主要对象集中在企业或者专业市场。Kit-Chun Lam 和 Pak Wai Liu（2004）利用 1982～1999 年香港地区 11 家企业的数据资料分析了专业化、企业规模、交易效率和企业人均所得之间的关系，认为随着企业的专业化程度提高，会导致企业之间的分工水平上升，企业平均雇员人数下降，从而企业人均所得上升[217]。James Roumasset（2004）通过研究政府扶贫失败的案例，从制度的视角分析了农村制度、农业发展以及贫困地区的经济增长，认为当地的制度因素是政府扶贫能否成功的关键因素[218]。Enrico Colombatto（2006）认为贸易及贸易政策、政府干预、知识与专业化以及政府发展政策等因素对经济增长与发展的影响程度受到制度因素的左右，制度的主要功能是提高了整个国民经济系统的交易效率[219]。赵红军（2005）简单探讨了交易效率和城市化、工业化的关系，但并没有探讨交易效率在地区经济差距形成中的作用[220]。赵红军、尹伯成（2006）探讨了交易效率与中国城乡差距的关系[221]。骆永民（2007）在新兴古典经济学框架内，研究了公共物品通过提高交易效率来促进分工演进并最终带来经济增长以及通过改善劳动效率直接促进产出的增加[222]。祁春节、赵玉（2009）度量了农村交易效率、分工与农户纯收入的相互作用，研究表明，深化农村分工和提高农村交易效率可以增加农民收入，农村交易效率和分工之间存在相互促进的机制[223]。

综上所述，在已有的研究中，很少有从交易效率的角度探讨地区经济发展的动力和差距，而交易效率对于地区经济增长的作用不容忽视，因此，本书在第4章计算出的我国各地区交易效率指数的基础上，尝试从交易效率的角度研究地区经济增长的动力机制以及地区经济不均衡发展的原因。

6.2 地区经济增长因素及其作用

中国经济增长是不同因素共同作用的结果，其中既包括要素投入的增加和积累、技术进步的作用，也包括交易效率提高的贡献。对于不同的地区而言，这些因素的贡献程度可能是不同的。

6.2.1 劳动力的增长和流动

大量而且廉价的劳动力供给始终是中国30多年持续经济增长的重要动力，这种大规模的劳动力转移，是中国经济持续增长的必要条件（约翰逊，2004）[224]。改革开放以前，长期的计划经济体制倾向于抑制劳动力的自由流动。在农村，城乡分割的户籍制度和社会保障制度遏制了劳动力在城乡之间的自由流动，农业、农村积聚了大量的处于隐性失业状态的剩余劳动力；在城市，固定用工制度形成了事实上的无条件终身制。随着市场化改革的演进，这一部分处于隐性失业的巨大力量得到了解放，廉价的非熟练农村劳动力大量涌向城市工业、服务业，尤其是出现了向东南沿海制造业的转移，构成了中国经济增长的一个主要推动力量。1978 年以来，我国劳动力流动性无论在微观、城乡、产业还是在所有制层面上都有了显著提升（"中国城市劳动力流动"课题组，2002）[225]。

劳动力流动对于改善资源配置效率、调整经济结构都具有重要意义。对于中国情况的大量实证研究证实，劳动力流动性的提高优化了劳动力配置效率，促进了就业和经济增长（世界银行，1997[226]；李小平、陈勇，2007[227]；胡鞍钢、赵黎，2006[228]），在一定程度上抑制了城乡及地区差距的扩大（李实，1999[229]；王德文、蔡昉，2003[230]），而且能够加速城乡二元结构的转型（盛来运，2007[231]）。

经济转型的 30 多年中，中国劳动力投入的改善，一个是数量上的改善，表现为劳动力数量的增长和流动，从全国来看，就业人数从 1978 年 40152 万人增加到 2008 年 77480 万人，年均增幅 2.14%，另一个是质量上的改善，这一点更为重要，如果以人均受教育年限来衡量劳动力的人力资本水平，1978 年的平均受教育水平为 3.87 年，而到了 2007 年则增加到 7.53 年，全国大学生数量以年均 10.74% 的速度增长，每万人中普通高等院校在校生的数量从 1978 年的 8.89 人增加到 2008 年的 152.18 人。当然我们也看到，各省份这种劳动力的数量和质量的分布是不均匀的。表 6 - 1 给出了 1978 ~ 2008 年各省份的劳动力平均增长速度。

表 6 - 1　　　　　1978 ~ 2008 年中国省际劳动力数量年均增速　　　单位：%

省份	年均增速	省份	年均增速	省份	年均增速
北京	2.589147	海南	1.993529	广西	2.131122
天津	1.850122	山西	1.672534	四川（重庆）	2.37278
河北	1.851924	吉林	2.237138	贵州	2.538782
上海	1.334467	黑龙江	1.985933	云南	2.27568
江苏	1.67516	安徽	2.406948	陕西	2.126278
浙江	2.164787	江西	2.121429	甘肃	2.397051
福建	2.650192	河南	2.388845	宁夏	2.636394

续表

省份	年均增速	省份	年均增速	省份	年均增速
山东	2.395947	湖北	2.071367	新疆	1.775028
广东	2.919421	湖南	1.75508	青海	2.563724
辽宁	1.826876	内蒙古	1.707282	西藏	1.83353

资料来源：根据《新中国60年统计资料汇编》中数据计算。

6.2.2 资本

资本始终是工业化国家经济增长的主要因素。改革开放30多年以来，中国经济始终以高储蓄维持了大量投资，形成了居高不下的资本形成率。1980~1990年资本形成率始终在35%上下波动，此后进一步上升到42%左右。王小鲁等（2009）根据国家统计局过去50多年的数据计算了不变价格的全社会固定资本存量，不变价格全国固定资本存量在改革前（1952~1978年）以年均9.3%的速度增长，在1979~1998年平均增长10%，而1997~2007年呈加速趋势，平均增长率为13.5%。同时他们估计2008~2020年的平均资本增长率仍然能够保持在13%左右，这就意味着今后相当长的一段时间内中国经济增长严重依赖资本形成的局面不会得到根本改变[176]。

物质资本存量的持续增加始终是中国经济增长的强有力的推动器，甚至许多研究认为，中国经济增长主要依靠资本的投入强力推动（王小鲁、樊纲，2004[8]；郭庆旺、贾俊雪，2006[12]；陈彦斌、姚一旻，2010[214]）。从表6-2中也可以看出，1978~2008年以来我国各地区物质资本存量的平均增长速度一直是很高的，这种现象在东部省份表现得更为明显。

表6-2　　　　　　　1978~2008年中国省际物质资本存量增速

省份	年均增速	省份	年均增速	省份	年均增速
北京	15.09624	海南	16.436	广西	9.430261
天津	10.80933	山西	9.166175	四川（重庆）	9.028266
河北	11.66125	吉林	11.33489	贵州	8.869757
上海	14.70993	黑龙江	9.619125	云南	9.055376
江苏	16.59261	安徽	10.92818	陕西	10.52857

省份	年均增速	省份	年均增速	省份	年均增速
浙江	14.71491	江西	12.03096	甘肃	8.882875
福建	13.11471	河南	11.76374	宁夏	8.518193
山东	13.14561	湖北	10.7624	新疆	12.49983
广东	14.94288	湖南	9.560523	青海	9.603697
辽宁	9.471884	内蒙古	14.61659	西藏	12.49983

资料来源：根据单豪杰（2008）数据计算。

　　然而，资本对于经济增长的贡献，不仅取决于资本积累的总量，而且取决于资本的结构和使用效率，正如刘易斯所言，"用于投资的那部分国民收入即使是相同的，也不可能使国民收入达到同样的增长率"[232]。这一点在经验上也得到了有力支持，丹尼森（Denison，1967）估计了资本对第二次世界大战后工业国家增长的贡献，发现各个工业国家资本对经济增长的贡献是不一样的，并且这个贡献的差异不能完全由资本存量的不同来解释[233]。尽管更多的资本积累可以带来更高的经济增长，但不同的经济发展阶段和不同的地区，资本对经济增长的贡献是不同的（Denison，1980）[234]。

　　"资本产出比率"（capital-output ratio）是经常使用的考察资本使用效率的指标：若资本产出比率下降，表示资本产出效率的提高，这可能是技术进步、资源配置效率或经济结构改善的结果，从而经济增长具有可持续性；若资本产出比率上升，意味着资本产出效率的降低，从而经济可能缺乏技术进步或者缺乏动态效率的改进机制，经济增长不可能长期维持（Kaldor，1961）[235]。张军（2002）测算了我国 1978～1998 年的资本产出比率，发现在排除 1989～1991 年这个特殊时段后，1978～1994 年中国经济经历了资本产出比率的下降，这意味着全要素生产率（TFP）有一个显著的增长，此后资本产出比率开始有显著而持续的上升趋势，全要素生产率的增长大约在 1992 年出现了显著地恶化，中国存在着"过渡工业化"的倾向和粗放增长的特征[178]。尹锋、李慧中（2008）的研究也支持 1999～2005 年中国"过渡资本化"的趋势并没有改变[236]。

　　资本产出比率的显著上升，说明必须依靠越来越多的投资增加才能维持经济的持续增长，然而，资本的形成速度终将受到资源和资本边际报酬递减的制约，不可能无限上升，从而过分依赖资本投入的经济增长是不可持续的。我们测算了 1978~2008 年全国和省际资本产出比率。表 6-3 检验了 1978~2008 年我国的资本产出比率，发现 1994 年以来我国资本产出比率的上升趋势并没有改变，而且有加速上升的势头，"过度资本化"和粗放型的经济增长方式始终是我国经济发展中的突出问题，这种高投资、高增长的经济发展模式不具有可持续性。表 6-4 和图 6-1 表述了省级资本产出比率的变化，总体上看，各省份的资本产出比率都表现出持续上升的趋势，许多省份上升的速度很快。从省级之间的比较来看，除北京市外，东部地区省份普遍比中西部地区省份具有较低的资本产出比率，这说明地区之间的经济差距不仅表现在经济增长的数量上，也表现在经济增长的质量上。

表 6-3　　　　　　　　　1978~2008 年中国的资本产出比率

年份	Y	K	KPY	KPY 增长率
1978	3200.678	5789.99	1.808989	
1979	3443.06	6275.03	1.822515	0.007477
1980	3713.046	6833.43	1.840384	0.009804
1981	3907.725	7306.95	1.869873	0.016023
1982	4261.643	7847.15	1.841344	-0.01526
1983	4724.158	8487.73	1.796665	-0.02426
1984	5441.097	9353.73	1.719089	-0.04318
1985	6173.806	10414.01	1.686806	-0.01878
1986	6719.964	11574.97	1.722475	0.021146
1987	7498.355	12954.05	1.727586	0.002967
1988	8344.213	14420.26	1.728175	0.000341
1989	8683.255	15339.06	1.76651	0.022183
1990	9016.608	16247.13	1.801912	0.02004
1991	9844.236	17467.37	1.774375	-0.01528
1992	11246.13	19277.08	1.714109	-0.03397
1993	12816.57	21819.48	1.702443	-0.00681
1994	14493.06	24916.52	1.719203	0.009845
1995	16076.43	28431.53	1.768523	0.028688
1996	17685.44	32235.84	1.822733	0.030653

续表

年份	Y	K	KPY	KPY 增长率
1997	19329.66	36052.27	1.865127	0.023258
1998	20843.82	40185.37	1.927927	0.033671
1999	22432.09	44455.64	1.981788	0.027937
2000	24323.4	49099.32	2.018604	0.018577
2001	26342.32	54290.34	2.060955	0.02098
2002	28734.75	60529.97	2.106508	0.022103
2003	31615.51	68511.53	2.167022	0.028727
2004	34803.95	77752.20	2.234005	0.03091
2005	38434.96	88801.71	2.310441	0.034215
2006	42911.34	101533.00	2.366111	0.024095
2007	48506.6	115801.56	2.387336	0.00897
2008	52848.09	131249.77	2.483529	0.040293

表 6 - 4　　　　　　　　各省主要年份资本产出比率

省份	1978 年	1985 年	1994 年	1998 年	2002 年	2008 年
安徽	1.0734	1.0892	1.2554	1.2696	1.2750	1.3300
北京	1.0892	1.7254	3.7841	4.2136	4.0300	4.2583
福建	1.0286	1.0545	0.8438	1.0455	1.1608	1.2783
甘肃	3.3340	2.5122	2.2659	2.3535	2.8309	3.0783
广东	1.7157	1.9275	2.0104	2.3590	2.5772	2.7539
广西	1.7579	1.3633	1.1530	1.3987	1.5674	1.6806
贵州	3.0576	2.4932	2.1508	2.1932	2.7007	2.8222
海南	0.3020	0.6509	1.6937	1.1765	1.0868	1.4427
河北	1.3441	1.2623	1.3344	1.6494	1.8596	1.9335
黑龙江	1.1314	1.8177	1.8527	1.8314	1.8422	1.7322
河南	2.2220	2.0152	2.0985	2.3101	2.5757	2.8869
湖北	1.6203	1.1336	1.2594	1.6363	1.9588	1.9427
湖南	1.6235	1.5833	1.5352	1.6286	1.8333	1.8275
内蒙古	1.4700	1.4820	2.0161	2.1603	2.3560	3.2667

续表

省份	1978 年	1985 年	1994 年	1998 年	2002 年	2008 年
江苏	0.8352	1.2197	1.8435	2.1651	2.4120	2.7419
江西	3.4290	3.2738	3.8456	4.5883	5.3153	6.4921
吉林	1.2838	1.3439	1.5740	1.5393	1.6564	1.9439
辽宁	0.3857	0.3303	0.3945	0.3958	0.3865	0.4064
宁夏	2.5106	1.7686	1.6301	1.5242	1.7259	1.9723
青海	2.1266	2.0871	2.1567	2.2697	2.9515	3.1299
山东	1.5893	1.6837	1.7869	1.9517	2.1743	2.3997
上海	0.6941	1.0364	2.1101	2.7465	2.6449	2.6255
陕西	2.5830	2.3486	2.4947	2.4487	2.7035	2.8501
山西	2.0647	1.8980	1.7734	1.5644	1.6679	1.7977
四川（重庆）	1.9147	1.6272	1.3569	1.4182	1.6727	1.6219
天津	1.2483	1.3821	1.5416	1.5704	1.5630	1.4020
新疆	2.0200	2.2401	2.6443	3.1144	3.5035	3.9720
西藏	11.3569	12.5422	23.5069	22.4116	21.9238	23.5852
云南	0.4128	0.2522	0.2516	0.3007	0.3373	0.3699
浙江	1.2339	1.0167	1.3457	1.6973	1.9151	2.1428

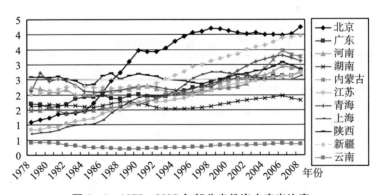

图 6 - 1　1978~2008 年部分省份资本产出比率

6.2.3　技术进步

关于技术进步有两点需要注意：一是技术进步与经济增长的关系；二是技

术进步的源泉。在经典的经济增长理论中，技术进步始终是经济增长的重要动力。在新古典经济增长模型的基准模型中，索洛认为是技术进步而不是储蓄和政府政策促进了经济增长，随后的新经济增长理论更是认为技术进步是经济增长的决定因素，罗默（1986）认为，是投资促使技术进步，技术进步使得知识产生积累，而知识积累又反过来刺激了投资和技术进步，投资将会持续地增长从而提高了经济增长率。熊彼特也指出创新或技术进步是经济体系的内生变量，技术进步导致大规模的投资，经济的长期稳定增长是由创新或技术进步引起的[237]。①

利用中国数据进行的经验检验中有两个突出问题：一是如何衡量技术进步；二是对于技术进步与中国经济增长的关系的研判。如何衡量技术进步是一个难题，也是目前许多关于中国技术进步的研究文献中存在很多争议的一个重要原因。越来越多的方法是利用索洛余值法、借助于 SFA 方法或者 DEA 方法从经济增长中分解出技术进步及其贡献（付强，2008；等等）[238]，也有的研究使用研究与试验发展经费支出、科技活动人员数等指标来衡量技术进步，还有的选用不同的单项指标构建了技术进步综合指标（陈彦斌、姚一旻，2010；等等)[214]。对于技术进步在中国经济增长中的贡献始终没有一致的结论。相当多的研究承认技术进步对中国经济增长具有重要贡献，当然也不乏反对的意见。

本书借鉴王小鲁等人（2009）的做法，我们利用各地区历年研究与试验发展经费以永续盘存法计算各地区历年的科技资本存量（见表 6 - 5、图 6 -2），通过科技资本存量的变化来反映各地区技术进步水平[176]。

表 6 - 5　　　　　　　　　1978 ~ 2008 年各地区科技资本存量均值　　　　　　　单位：亿元

年份	东部地区	中部地区	西部地区	年份	东部地区	中部地区	西部地区
1978	10. 112	7. 899	6. 852	1983	11. 127	8. 335	7. 795
1979	10. 521	7. 608	7. 021	1984	13. 137	9. 714	9. 454
1980	9. 979	7. 380	6. 790	1985	15. 647	11. 095	9. 245
1981	8. 733	6. 731	6. 218	1986	19. 372	13. 966	11. 275
1982	9. 598	7. 267	6. 670	1987	18. 750	13. 253	10. 813

---

① 熊彼特认为"创新"就是生产函数的变动，资本主义经济的运动过程之所以表现为生产技术的不断改进与增长的根本原因就在于少数天才企业家的"创新"活动。而创新的形式多种多样，可以是采用一种新的产品，或者采用一种新的产生方法，或者开辟一个新的市场，或者控制原材料的新供应来源，也可以是实行一种新的企业组织形式。

续表

年份	东部地区	中部地区	西部地区	年份	东部地区	中部地区	西部地区
1988	19.909	12.995	10.681	1999	65.421	10.714	7.716
1989	19.606	12.589	10.418	2000	152.000	35.004	33.006
1990	19.385	12.494	10.627	2001	198.254	39.036	36.424
1991	22.181	14.342	11.495	2002	242.145	49.292	42.401
1992	24.236	15.268	12.861	2003	286.605	55.742	49.491
1993	26.932	15.859	14.238	2004	353.863	63.180	52.856
1994	28.450	14.152	12.813	2005	423.135	85.999	63.157
1995	28.665	14.628	12.748	2006	512.366	100.793	68.779
1996	34.840	16.900	13.878	2007	608.049	121.818	79.840
1997	35.726	8.435	5.753	2008	716.733	148.137	90.563
1998	42.858	9.142	6.494				

相比表 6 - 5，图 6 - 2 更清晰地反映了三大地区技术进步水平的差异，在 2000 年之后，东部地区科技资本存量的水平无论是从数量还是速度都远远超过了中西部地区，而中西部地区差距并不大，只是近几年来，中部地区表现出较快的增加态势，而西部地区依然如故。对于 2000 年之前三大地区的胶着，可能并不是因为三大地区技术进步水平在此期间差距不大，而是因为数据的关系。历年科学研究与试验发展经费指标从 2000 年之后才有公开统计数据，在此之前我们使用的是地方财政科技拨款来代替，而这一数据并不能真实地反映东中西部地区之间的差距。

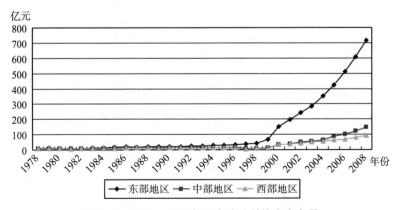

图 6 - 2　1978 ~ 2008 年三大地区科技资本存量

6.2.4 交易效率

交易效率对于经济增长的重要性不言而喻，交易效率的变化既涉及微观企业，又涉及宏观经济的运行环境。从第 4 章的计算中可以看出，东部、中部、西部地区之间交易效率的表现也有着较大的差距，交易效率较高的地区大多数位于东部沿海地区，其经济发展水平也相对较高。表 6－6 给出了 1978～2008 年东部、中部和西部地区交易效率指数的平均值。

表 6－6 1978～2008 年各地区交易效率指数

年份	东部地区	中部地区	西部地区	年份	东部地区	中部地区	西部地区
1978	14.05507	8.422342	7.343558	1994	70.57066	25.88528	23.84529
1979	14.85536	8.418449	7.470814	1995	72.72358	26.96908	23.48637
1980	16.10127	9.124618	7.637199	1996	75.67851	28.13385	23.24583
1981	17.25408	9.930278	8.283997	1997	81.165	30.71627	25.34725
1982	17.37015	10.40803	8.479373	1998	88.37464	31.86316	26.96242
1983	23.56609	10.75003	8.739858	1999	96.52735	34.4149	29.62068
1984	26.17865	11.58512	9.883803	2000	110.4648	39.675	35.37919
1985	27.72797	12.08721	10.82901	2001	110.7217	40.10282	37.64136
1986	28.9485	12.86832	11.68433	2002	124.9401	46.17085	45.61348
1987	28.79501	13.33175	12.83492	2003	144.0585	54.87699	53.57297
1988	31.72071	13.98233	13.04831	2004	171.3775	64.25995	69.4443
1989	31.88228	14.07097	13.23357	2005	197.9121	79.45352	78.94181
1990	33.61702	14.95196	13.55606	2006	236.4577	93.93611	95.1773
1991	37.21976	15.9939	14.2668	2007	284.2758	113.7085	118.9718
1992	45.28035	17.93104	15.96832	2008	319.5839	130.7978	142.7303
1993	56.41195	20.72577	19.05678				

6.3　回归模型及其检验

6.3.1　回归模型设计及变量选择

我们仍然使用标准的包含人力资本的增长核算模型考察地区经济增长及差异：

$$Y = AK^{\beta}(uhL)^{1-\beta}h_{\alpha}^{\psi} \quad \psi > 0 \tag{6.1}$$

其中，Y 是总产出；K 是资本存量；uhL 是含有人力资本的劳动力数量；h_{α}^{ψ} 是人力资本水平的溢出效应；A 是常数项，代表初始的技术水平。在基准模型的基础上，我们加入各种可能影响经济增长的因素，以考察经济增长的要素贡献和影响因素，为了消除异方差，我们使用各变量的对数值，因此，主要模型的回归形式如下：

$$\ln y_t = \alpha_0 + \alpha_1 \ln L_t + \alpha_2 \ln K_t + \delta_t \tag{6.2}$$

$$\ln y_t = \alpha_0 + \alpha_1 \ln K_t + \alpha_2 \ln L_t + \alpha_3 \ln H_t + \delta_t \tag{6.3}$$

$$\ln y_t = \alpha_0 + \alpha_1 \ln K_t + \alpha_2 \ln L_t + \alpha_3 \ln H_t + \alpha_4 \ln TR_t + \alpha_5 \ln RD_t + \delta_t \tag{6.4}$$

其中，y_t 是各地区总产出，使用历年 GDP 代替，并用各地区历年 GDP 平减指数折算为 1952 年价格。海南省缺少 1978 年以前的支出法计算的 GDP 及 GDP 指数，我们使用其 1978 年以后的 GDP 及其指数进行了替代，计算了 1978 年价格的 GDP。宁夏也缺少 1978 年以前的 GDP 数据，我们使用相邻的青海省的数据进行了替代。

K_t 是各地区历年可比价格的资本存量，数据来源于单豪杰[①]，我们根据其方法计算了 2007 年、2008 年两年的数据。

L 是各地区年底从业人数，我们以此来衡量各地区的劳动投入。

H 是各地区人力资本水平，我们使用各地区每万人中在校大学生数量作为替代指标。

TR 是各地区交易效率指数，用以反映各地区交易效率的演进。数据来源于第 4 章的计算。

---

① 感谢单豪杰通过电子邮件提供了数据。

RD 是科技资本存量，我们以此来反映各地区技术进步水平的差异。科技资本存量是使用历年科学研究与试验发展经费（R&D expenditure）进行计算的，由于这一指标在 2000 年之后才有统计，所以 1978～1999 年的数据使用地方财政科技拨款代替，地方财政科技拨款包含科技三项费用、科学事业费、科研基建费、其他科研事业费等几项，对于有些省份缺少部分年份的地方财政科技拨款数据，我们使用国家财政科技拨款占财政总支出的比重进行了估算。2000 年以后的科学研究与试验发展经费数据来源于科技统计网，其他数据来源于历年各地方统计年鉴以及历年《中国科技统计年鉴》。具体的计算方法为：依照历年财政科技拨款及 R&D 经费支出以永续盘存法进行计算，将历年数据按照各地区 GDP 平减指数折算为 1952 年价格，参考王小鲁等（2009）的研究，我们以 1978 年的财政科技拨款的 10 倍作为基年的 R&D 资本存量，折旧率设为 8%[176]。

在以上模型的基础上，为了进一步比较我国地区经济增长的贡献因素以及影响因素的差异，将全国 28 个省份分为东、中、西三大区域，相应地将样本分成三个子样本进行分析，进而有了三个回归模型：模型（4）用于分析东部地区 11 省份（包括北京、天津、河北、上海、江苏、浙江、福建、山东、广东、辽宁、海南）的经济增长贡献要素和影响因素的作用；模型（5）用于分析中部 8 省份（包括山西、吉林、黑龙江、安徽、江西、河南、湖北、湖南）的经济增长贡献要素和影响因素的作用；模型（6）用于分析西部 12 省份（包括内蒙古、广西、四川和重庆、贵州、云南、山西、甘肃、青海、宁夏、新疆、西藏）经济增长贡献要素和影响因素的作用。

6.3.2　计量结果分析

为了避免虚假回归，我们先对面板数据进行单位根检验。面板数据单位根检验的方法有多种，包括 LLC（levince，lin and chu 检验）、IPS（im pesaran and shin W 检验）、breitung（breitung 法）、ADF - fisher（ADF - fisher chi-square 检验）和 PP - fisher（PP - fisher chi-square 检验）等。一般情况下并不需要选择很多种检验方法，本书所使用的数据是平衡的，因此，我们选择了 LLC 检验（适用于同根）和 IPS 检验（适用于不同根），检验结果如表 6 - 7 所示，其中 LLC - T、IPS - W 分别指 levin，lin & chu t ∗ 统计量、im pesaran & shin W 统计量，并且 levin，lin & chu t ∗ 统计量的原假设为存在普通的单位根过程，im pesaran & shin W 统计量的原假设为存在有效的单位根过程。从检验结果可以看出，变量的原序列基本不能拒绝原假设，基本为非平稳过程，但其一阶差分在都在 1% 的置信水平上拒绝原假设，这表明五个变量均为一阶单整，即 I（1）；即使是被解释变量和解释变量不是同阶单整，但都符合面板数据关于协整等的要求。

表 6 – 7　　　　　　　　1978 ~ 2008 年面板数据单位根检验结果

变量	全国				东部			
	LLC – T	P > t	IPS – W	P – value	LLC – T	P > t	IPS – W	P – value
lny	– 3. 219	0. 001	0. 366	0. 643	– 3. 859	0. 000	– 1. 219	0. 111
dlny			– 12. 700	0. 000			– 7. 807	0. 000
lnk	– 6. 801	0. 000	– 2. 907	0. 002	– 4. 916	0. 000	– 2. 280	0. 011
dlnk								
lnl	– 0. 700	0. 242	0. 382	0. 649	1. 878	0. 970	2. 385	0. 991
dlnl	– 9. 247	0. 000	– 11. 033	0. 000	– 5. 142	0. 000	– 5. 894	0. 000
lnh	2. 708	0. 997	2. 364	0. 991	3. 008	0. 999	3. 738	1. 000
dlnh	– 11. 231	0. 000	– 14. 696	0. 000	– 7. 257	0. 000	– 8. 696	0. 000
lntr	– 1. 411	0. 079	– 0. 735	0. 231	– 0. 833	0. 202	– 0. 102	0. 459
dlntr	– 12. 300	0. 000	– 14. 221	0. 000	– 6. 686	0. 000	– 7. 340	0. 000
lnrd	1. 226	0. 890	2. 054	0. 980	– 0. 934	0. 175	– 0. 441	0. 330
dlnrd	– 13. 354	0. 000	– 15. 587	0. 000	– 8. 777	0. 000	– 10. 396	0. 000
	中部				西部			
	LLC – T	P > t	IPS – W	P – value	LLC – T	P > t	IPS – W	P – value
lny	– 3. 084	0. 001	– 2. 268	0. 012	1. 035	0. 850	1. 179	0. 881
dlny					– 4. 497			
lnk	– 1. 432	0. 076	0. 459	0. 677	– 3. 585	0. 000	– 2. 227	0. 013
dlnk			– 4. 083	0. 000				
lnl	– 1. 997	0. 023	– 0. 755	0. 225	– 1. 995	0. 023	– 0. 872	0. 192
dlnl			– 6. 933	0. 000			– 6. 899	0. 000
lnh	1. 342	0. 910	1. 717	0. 957	– 0. 222	0. 412	– 1. 376	0. 084
dlnh	– 5. 972	0. 000	– 7. 288	0. 000	– 6. 206	0. 000		

续表

	中部				西部			
	LLC – T	P > t	IPS – W	P – value	LLC – T	P > t	IPS – W	P – value
lntr	– 0. 388	0. 349	– 0. 489	0. 312	– 2. 434	0. 008	– 2. 268	0. 012
dlntr	– 8. 012	0. 000	– 8. 560	0. 000				
lnrd	– 2. 487	0. 006	– 2. 204	0. 014	0. 084	0. 534	0. 385	0. 650
dlnrd					– 6. 370	0. 000	– 8. 576	0. 000

注：*** 代表在 1% 的水平上显著，** 代表在 5% 的水平上显著，* 代表在 10% 的水平上显著。d 表示一阶差分。

在以上检验的基础上，本书采用面板数据分析方法进行回归分析，结合 F 检验和豪斯曼检验选择使用混 – OLS 估计、固定效应模型或者随机效应模型。检验结果如表 6 – 8 所示。

表 6 – 8　　　　　　　1978 ~ 2008 年全国及各地区经济增长源泉检验结果

变量	(1)	(2)	(3)	(4)	(5)	(6)
	全国（fe）	全国（fe）	全国（fe）	东部（fe）	中部（re）	西部（fe）
lnK	0. 37117 (29. 22 ***)	0. 34683 (27. 84 ***)	0. 28034 (21. 73 ***)	0. 15135 (7. 08 ***)	0. 23638 (7. 11 ***)	0. 27832 (9. 36 ***)
lnL	0. 35003 (8. 68 ***)	0. 41360 (9. 42 ***)	0. 44078 (10. 74 ***)	0. 80188 (11. 44 ***)	0. 21566 (3. 65 ***)	0. 24526 (3. 37 ***)
lnH		0. 09898 (9. 6 ***)	0. 02729 (2. 4 **)	0. 06956 (3. 88 ***)	0. 00192 (0. 08)	0. 02694 (1. 38)
lnRD			0. 02654 (6. 06 ***)	0. 01432 * (1. 66)	0. 02240 (3. 30 ***)	0. 01595 (2. 06 **)
lnTR			0. 15498 (9. 67 ***)	0. 19822 (8. 06 ***)	0. 13220 (3. 94 ***)	0. 09110 (3. 56 ***)
t	0. 05014 (26. 97 ***)	0. 04294 (20. 53 ***)	0. 03936 (18. 92 ***)	0. 04591 (13. 67 ***)	0. 05119 (13. 92 ***)	0. 04878 (11. 55 ***)
_cons	0. 04277 (0. 14)	– 0. 47877 (– 1. 48)	– 0. 56523 (– 1. 86 ***)	– 2. 33903 (– 4. 75 ***)	1. 31775 (3. 04 ***)	0. 51848 (0. 93)
N	930	930	930	341	248	341

注：括号中的数字为 t 值（fe，固定效应）或 z 值（re，随机效应），*** 代表在 1% 的水平上显著，** 代表在 5% 的水平上显著，* 代表在 10% 的水平上显著。

为了进一步分析各影响因素对经济增长影响的动态变化，我们分别对1978～1993年、1994～2008年的数据进行分析，检验结果如表6－9所示。

表6－9　　　　　　　　　　　全国分时段经济增长因素检验结果

	(7)		(8)		(9)	
	全国（re）1978～1993年	全国（fe）1994～2008年	全国（fe）1978～1993年	全国（fe）1994～2008年	全国（fe）1978～1993年	全国（fe）1994～2008年
lnK	0.22707 ***(12.65)	0.37786 ***(16.68)	0.19373 ***(10.45)	0.39369 ***(17.04)	0.09581 ***(4.81)	0.33672 ***(14.11)
lnL	0.52779 ***(9.02)	0.23772 ***(5.46)	0.38410 ***(5.27)	0.22362 ***(5.15)	0.30609 ***(4.55)	0.17267 ***(4.08)
lnH			0.15736 ***(6.04)	-0.03454 ***(-2.90)	0.10967 ***(4.5)	-0.05926 ***(-4.94)
lnRD					0.15963 ***(7.35)	0.01068 ***(3.64)
lnTR					0.10449 ***(4.29)	0.07310 ***(5.55)
t	0.05284 ***(17.93)	0.05461 ***(18.67)	0.05252 ***(15.27)	0.05830 ***(18.42)	0.05057 ***(15.81)	0.05906 ***(19.52)
_cons	-0.46368(-1.07)	1.59449(4.63)	0.30816(0.59)	1.69370 ***(4.93)	0.88362 *(1.83)	2.23019 ***(6.59)
N	480	450	480	450	480	450

注：括号中的数字为t值（fe，固定效应）或z值（re，随机效应），*** 代表在1%的水平上显著，** 代表在5%的水平上显著，* 代表在10%的水平上显著。

从模型（1）、（2）、（3）中可以看出，资本存量、劳动投入以及人力资本水平的提高对中国的经济增长具有显著影响，即使在加入科技资本存量、交易效率后，其系数的显著性也没有发生变化。观察已有的结果，可以得到六点重要发现。

第一，在影响经济增长的诸多因素中，劳动、资本投入始终占据绝对重要的地位。这表明中国的经济增长主要是依靠生产要素的投入所导致的。这提醒我们必须注意经济增长模式的转型问题。

第二，劳动对经济增长有重要的影响，但是重要性在减弱，逐渐让位于资本。当我们在模型中引入人力资本的外溢效应、科技资本存量、交易效率时，劳动投入的产出弹性都显著超过了资本的产出弹性，劳动投入对经济增长始终具有重要意义。但当我们从动态的角度考察劳动投入的影响时发现，无论是从模型（7）、（8）还是模型（9），都可以看到劳动投入的系数显著地下降了，这和我们在实际经济中所观察的是一致的。

第三，物质资本存量对经济增长的影响显著而且越来越重要。物质资本投入始终是中国经济增长的强力推动力。不论是模型（1）、（2）还是模型（3），资本的系数都显著而且基本稳定，但是当我们分为1978～1993年、1994～2008年两个时间段进行考察时，资本的系数发生了明显的变化，模型（7）、（8）、（9）中的系数分别从0.23、0.19、0.10上升到0.38、0.39、0.34，而且具有显著性，物质资本的投入对中国经济增长而言具有越来越重要的意义。如果联系到资本投入越来越快的增长率，资本投入对中国经济增长的贡献越来越大，中国经济增长越来越具有投资驱动型的特征。

第四，人力资本的系数较小，表明从改革开放以来的30多年里，人力资本在中国经济增长中的作用并没有得到充分的发挥，但人力资本的经济增长的贡献不可忽视。从动态上看，人力资本的系数从1978～1993年的0.16、0.11变动到1994～2008年的 - 0.03、 - 0.06。之所以在经济转型以来的初期有较高的系数，我们认为是改革开放恢复了"文化大革命"时期被破坏的正规教育，从而导致人力资本水平有了突然的较快增长。同时，作为人力资本载体的劳动力数量在经济转型之初增长较快，而最初从农业、工业中转移出来的往往是具有一定教育水平的劳动力，所以导致经济转型之初人力资本对经济增长具有较大的贡献。近年来，这种转移的速度已经明显放慢。同时，教育经费的投入长期不足，并且使用效率较低，造成了教育资源供应的不足，人力资本质量提升缓慢，尤其是1994年财政分权之后，地方政府在公共支出中重基础设施建设而轻教育投资的现象十分严重，这或许是1994年之后人力资本对经济增长的系数变小的重要原因。

第五，科技资本存量对经济增长的贡献还不够大，而且在1994年之后呈现出明显的下降趋势。从1978～2008年整个期间来看，以研究发展投入衡量的技术进步对中国经济增长的贡献并不大，其系数即为0.03；从动态上看，1978～1993年技术进步的系数较高，达到了0.16，而在1994～2008年仅为

0.01。究其原因，我们认为，改革开放之初，科学技术得到迅猛恢复，而科学技术转化为生产力和经济效益是需要时间的，因此，经济转型之初的科学技术的恢复对经济增长的促进作用在随后十几年的期间里持续发生作用，因此，使1978～1993年技术进步对经济增长的贡献较高并且显著。1994年之后，科学技术的贡献逐渐降低，主要是因为相比于劳动和资本而言，我们在技术研发上的投入严重不足，技术进展缓慢。一个突出的特点是自主创新的技术缺乏，技术模仿多。同时，整个经济模式过分倚重要素投入尤其是资本投入，而资本投入的高速增长和金融市场的不完善导致了资金流向不合理、产业结构失调和资源配置结构不合理等一系列问题，产业升级缓慢，这些都有可能影响科技进步的速度，影响科学技术作用于经济增长的效果。

第六，交易效率对经济增长有显著的影响。这是本书所关注的重点，正如前面所分析的一样，交易效率对经济增长始终具有显著地重要影响。从模型（3）中可以看出，1978～2008年交易效率的系数为0.155。经济转型30多年来，中国的基础设施建设让世人瞩目，城市化和工业化进入了快速发展的轨道，市场化程度也迅速提到，教育和医疗条件得到了较大改善，这些无形中提高了微观主体和宏观经济的交易效率，进而有力地促进了经济增长。当然与此同时，我们也不得不注意到政府行政管理成本的上升和公共支出结构中的偏差，这些都将对交易效率和经济增长产生不良影响。在分时段的动态分析中，我们也注意到交易效率系数的差别，1994年以后，交易效率的系数从0.10下降到0.07，这更提醒我们交易效率改善的重要性和方向。我们的基础设施越来越完善，城市化水平越来越高，换句话说，交易效率的硬条件的改善是目前交易效率提高的主要原因，而如果在未来我们要进一步提高交易效率，就需要更多地在交易效率的软条件上下功夫。

在使用全国面板数据进行检验之后，我们使用分地区的面板数据进行了检验，目的在于找出地区之间在经济增长动力上的差别，研究各个因素对地区经济增长的不同作用。我们使用式（6.4）进行检验，对1978～2008年东部、中部、西部三大地区的检验分别见表6-8中的模型（4）、（5）和（6），对于三大地区不同时段的动态检验结果见表6-10中的模型（10）、（11）和（12）。

表6－10   各地区经济增长因素检验结果

变量	(10)		(11)		(12)	
	东部（fe）1978~1993年	东部（re）1994~2008年	中部（re）1978~1993年	中部（re）1994~2008年	西部（fe）1978~1993年	西部（re）1994~2008年
lnK	0.044573 (1.36)	0.27389 (9.76***)	0.06508 (1.15)	0.17200 (4.88***)	0.17944 (4.22***)	0.50047 (11.45***)
lnL	1.02518 (7.2***)	0.24042 (5.93***)	0.31909 (3.80***)	0.20305 (3.56***)	0.22563 (2.49**)	0.49893 (9.46***)
lnH	0.02361 (0.53)	−0.0389 (−3.04***)	0.14209 (2.96**)	−0.09684 (−5.25***)	0.13424 (4.2***)	−0.01677 (−0.51)
lnRD	0.15377 (4.27***)	0.00752 (1.64*)	0.20148 (4.85***)	0.00642 (1.81*)	0.20089 (5.97***)	0.00123 (0.15)
lnTR	0.08168 (2.63***)	0.07492 (4.11***)	0.14149 (1.72*)	0.14671 (7.47***)	0.06397 (1.14)	0.08146 (3***)
t	0.04941 (9.05***)	0.06750 (21.25***)	0.04286 (6.12***)	0.07611 (15.94***)	0.04600 (6.98***)	0.02352 (3.64***)
_cons	−3.2355 (−3.25***)	2.57576 (7.84***)	0.76274 (1.15)	2.90066 (6.62***)	0.58305 (0.84)	−1.48294 (−3.49***)
N	176	165	128	117	176	165

注：括号中的数字为t值（fe，固定效应）或z值（re，随机效应），***代表在1%的水平上显著，**代表在5%的水平上显著，*代表在10%的水平上显著。

从不同地区的检验结果中可以看出，要素投入仍然是各地区经济增长的主要动力，当然对于不同的地区而言，要素投入所起的作用是不同的。同时，我们也可以发现，交易效率对经济增长的作用在不同地区表现有显著差异。具体而言，通过分析检验结果，我们可以得到以下五点结论。

第一，交易效率对地区经济增长的作用有明显差异。不论是从东部地区、中部地区还是西部地区，交易效率的系数都显著为正。当然，不同地区之间交易效率对经济增长所表现出来的不同作用才是本书所关注的重点。正如我们前面所分析的一样，交易效率对经济增长具有重要的促进作用，它也构成了中国地区经济差距的重要推动力之一。从检验结果可以看出，东部地区交易效率的检验系数为0.20，而中部地区为0.13，西部地区为0.09。与此同时，1978~

2008 年东部地区的交易效率综合指数从 14.06 上升到 319.58，年均增长率 10.6%，中部地区交易效率的综合指数从 8.4 上升到 130.8，年均增长率 9.3%，西部地区交易效率综合指数从 7.34 上升到 142.73，年均增长率 10%，这种交易效率变化速度和效果的差异构成了导致三大地区之间具有不同的经济绩效的重要原因之一。从动态的角度来看，三大地区在两个时间段内交易效率的系数变化并不大，但是当我们回想到第 4 章我们所发现的在 1993 ~ 1994 年东部地区交易效率出现了快速的提高，而中部地区、西部地区交易效率改善缓慢，东部和中西部地区之间的交易效率差距迅速拉大，我们就不能不思考这种交易效率差距的拉大与地区经济差距也在这时间段开始扩大之间的关系了。

　　第二，劳动投入始终是地区经济发展的重要动力，而劳动投入的变化所导致的经济增长的变化在东部地区与中西部地区之间表现出很大的不同。1978 ~ 2008 年，东部地区的劳动投入的系数高达 0.80，而中、西部地区分别为 0.22 和 0.25；从动态的角度看，东部和中部地区都表现出劳动投入的系数在下降，与此同时，资本投入的系数在上升，只有西部地区劳动投入和资本投入的系数都表现出快速的上升。从表 6 – 10 中模型（10）可以看出，东部地区劳动投入的系数很显著，1978 ~ 1993 年具有极高的正系数。在改革开放之初，作为最早开放的地区，东部各省份需要也吸引了大量优质的劳动力，中西部地区的优质劳动力纷纷流向东部地区，优质劳动力迅速集聚在广东、上海、北京等东部发达地区，这些优质劳动力的流入为地区经济发展提供了充足和廉价的劳动力，也促进了地区劳动生产率的提高，迅速刺激了地方经济的发展。1993 年之后，开放程度进一步扩大，资本作为更稀缺的资源表现出对经济增长越来越重要的作用，这种趋势在三大地区都得到了体现。对于西部地区而言，资本和优质的劳动力都属于稀缺资源，所以在经济增长的过程中，劳动和资本的系数都显著地提高。

　　第三，资本投入依然是经济增长的重要动力，并且表现得越来越重要。从 1978 ~ 2008 年的整个检验期间来看，资本变化导致经济增长变化程度最大的依次是西部、中部和东部，西部和中部地区表现出更大的资本推动的特征。同全国面板数据的分析一样，从动态的视角来看，资本越来越重要，各地区经济发展都表现出越来越强的资本拉动型的特征。计量模型中，东部、中部、西部地区的回归系数分别从 1978 ~ 1993 年的 0.04、0.07、0.18 上升到 1994 ~ 2008 年的 0.27、0.17、0.50，东部和西部地区都表现出对资本推动经济增长的迫切需要。经济转型之初，整体的经济规模比较小，而东部地区各省份又是主要的 FDI 的流入地，所以劳动显得更为稀缺，相对于资本而言，劳动投入对于东部地区的经济增长具有更重要的意义。

第四，以大学生人数来衡量的人力资本的系数较小，并且在中部和西部地区不显著。我们认为，这既是因为人力资本的数量较小，也是因为通过教育形成的人力资本在地区之间具有外溢效应。从动态的比较来看，1994 ~ 2008 年三大地区人力资本的系数都为负。人力资本对经济增长的重要作用还没有充分发挥出来。

第五，技术进步对经济增长具有显著的正影响，但系数较小。无论是东部、中部还是西部地区，以研究发展投入计算的科技资本存量衡量的技术进步对经济增长都有显著的积极影响，但是系数很小，三大地区之间差距也不是很大。除了我们在前面分析的原因外，还可能是因为以研究发展投入来计算的科技资本存量偏小的缘故。

可以看出，在我们所分析的影响经济增长的因素中，在地区之间表现出明显差异的是交易效率和要素投入。交易效率提高的速度和对经济增长作用效果的差异是东部地区和中西部地区经济增长差异的重要原因之一。

6.4 本 章 小 结

本章从交易效率、要素投入和技术进步的角度讨论了地区经济差距形成和扩大的原因。从全国各地区的面板数据来看，交易效率和要素投入一样都是经济增长的重要动力。从各地区不同时间段的面板数据来看，交易效率改善的速度和对经济增长的不同影响构成了东部地区和中西部地区在经济上表现迥异的重要原因。无论是交易效率指数的绝对值，还是提高的速度，东部地区都表现得比中西部地区更为优异，这种交易效率变化速度和效果的差异构成了导致三大地区之间具有不同的经济绩效的重要原因之一。从分时段动态检验的结果来看，尽管三大地区在两个时间段内交易效率的系数变化都不大，但是在 1993 ~ 1994 年以后，东部地区交易效率出现了更为快速的提高，而中部地区、西部地区交易效率改善缓慢，这直接导致东部和中西部地区之间的交易效率差距迅速拉大，与此同时，三大地区的经济差距也在这段时间开始扩大。

第7章

公共资源配置、交易效率与
地区经济差距

　　交易效率同资本、劳动投入一样是地区经济增长的重要动力，而不论是从交易效率的硬条件还是软条件来看，都与地区所提供的公共产品有密切关系。地区所提供的公共产品①的数量和质量是交易效率重要的组成层面。而不同地区所提供的公共产品的数量和质量又和本地区公共部门的资源配置具有很大的关系。涉及公共部门的资源的配置，一是资源如何在公共部门和私人部门之间的实现最优配置；二是在公共部门内部如何实现资源的最优配置。中国在由计划经济向市场经济体制转型的渐进改革过程中，政府始终掌握着大量的公共资源，我们认为，在1994年试行财政分权以来，不同地区地方政府公共资源配置的手段以及由此引起的公共资源配置效率的差异成为不同地区具有不同交易效率的重要原因，并进一步导致了不同的经济增长绩效。与此同时，在中国实行财政分权以来，不同地区在提供公共产品和服务的过程中，具有不同的偏好，从而导致了不同的产出和结构，这也决定了不同地区具有不同的交易效率。本书的主要注意力集中在公共部门内部的公共资源的配置问题，即各级政府如何最有效率地配置公共资源。

　　已有的研究中，对于不同地区公共资源配置效率的研究还很少，这主要受制于数据的不可得性以及公共资源内涵和外延确定的困难性等原因。同样的问题也是本书研究中所面临的重要障碍，因此，本书着眼于公共部门内部公共资源的配置，主要研究不同地区公共资源配置的效率差异，以此解释不同地区在公共产品和服务中的不同表现，以及由此带来的交易效率的差异和经济增长的

---

　　① 本书并不严格区分公共产品与公共服务。

差异。

具体的思路是，以财政支出占比衡量拥有的公共资源的多少，以基础设施、教育、医疗等产出衡量公共资源配置的效率，然后检验配置方式的差异对公共资源配置效率的影响。

7.1　公共产品及其配置效率

公共产品较早的定义是由萨缪尔森提出的，公共产品必须是由集团中所有成员均等消费的商品，如果集团中的任何一个成员可以得到一个单位，那么该集团中的每一个成员也必须可以得到一个单位。从广义的角度讲，公共产品的内涵是比较宽泛的，凡是与公共利益及行为相关的产品和服务都可以视为公共产品，既包含有形的，如基础设施、公共工程等，也包括无形的，如法律、制度、政府的效率等。所以我们可以把公共产品分为四类：实物类，包括公路、铁路、公园、公共水利、公共设施等；社会类，包括教育、医疗、社会福利、国防等；制度类，包括公共安全、法律、交通规则、行政管理等；文化类，包括文化、艺术、宗教等。观察公共产品的特征，萨缪尔森所定义的"公共产品是具有消费的非排他性和非竞争性等特征的产品"得到了广泛的认同，从而使公共产品需要由公共部门提供的观念几乎没有人质疑。但是在公共产品市场供给或者政府供给的选择中，市场与政府的边界始终是重大的研究课题。然而公共产品是市场供给还是政府供给并不是由市场与政府的关系本身决定的，真正影响公共产品市场供给还是政府供给的因素是公共领域与私人领域的范围大小，以及两个领域中公共需求与私人需求的规模及结构。

公共产品是存在于公共领域中的公共资源，其配置的效率及结果通过影响地区交易效率最终作用于地区经济增长。因此，对于公共部门掌握和使用的公共资源的考察，我们认为，一是要考察公共资源配置的效率；二是要考察公共资源配置的结构。

已有的研究越来越多地注意到政府所提供的公共产品对经济增长的促进作用，分别从最初的投入即政府公共支出和最终的产出（如基础设施、医疗、教育等）的角度，从理论和经验的角度研究了公共产品供给对于促进内生经济增长的重要影响。除此之外，越来越多的研究也开始将注意力集中到政府通过公共支出提供不同的公共产品时的不同偏好，尤其是在分权背景下地方政府的偏好差异上。

对公共支出与经济增长关系的研究，可以追溯到 19 世纪末或者更早（Wagner，1883、1890）[239]，但进行深入的研究，则到了 20 世纪 60 年代之后。阿罗和库尔茨（Arrow & Kurz，1970）通过将政府支出纳入生产函数认为外生的政府支出的变化仅影响经济转移动态，而不会改变经济的稳态增长率[240]。巴罗（Barro，1990）则构建了一个包含政府支出的内生经济增长模型，发现政府支出的变化会显著影响经济的稳态增长率，当政府增加消费性支出后，GDP 增长率和储蓄率会下降；当政府增加生产性支出后，GDP 增长率和储蓄率起初会上升，但最终还会下降[241]。巴罗（1990）的模型与阿罗和库尔茨（1970）的模型区别在于，阿罗假定直接进入总量生产函数的是公共投资流量，而阿罗和库尔茨引入总量生产函数的是公共资本存量。巴罗认为，产出不仅与私人部门的物质资本水平有关，而且受到政府在基础设施、研究开发与教育方面的公共开支的积极影响，政府的活动弥补了分散化储蓄的不足，推高了稳态增长率。阿罗的这一研究具有重要的开创性意义，此后的许多理论和经验检验大都是沿着这一思路，在科布—道格拉斯函数的基础上将政府支出内生化，然后加入人力资本、制度等控制变量展开分析（Devarajan et al.，1998）[242]。

当然关于这一点，从理论和经验上始终没有得出完全一致的结论。Ram（1986）利用 115 个国家 1960～1970 年和 1970～1980 年的产出、投资、政府服务、人口数量和经济增长等数据，发现政府支出规模对私人部门从而对经济增长具有正影响，而且这种正效应在低收入国家更强[243]。Aschauer（1989）发现了公共支出对经济增长的强有力支持作用[244]。而 Easterly 和 Rebelo（1993）以及 Devarajan、Swaroop 和 Zou（1996）等学者则着重讨论了公共支出结构与经济增长的关系[245,246]。Easterly 和 Rebelo（1993）认为公共投资性支出比重的变化与经济增长之间有正向关系，特别是投资于交通、通信的支出与经济增长相一致。Devarajan、Swaroop 和 Zou（1996）对 1970～1990 年 69 个发展中国家的数据进行经验分析，指出在最优状态下，生产性公共支出与非生产性公共支出的比值应该取决于这两项支出对生产的贡献度（产出弹性）之比。生产性公共支出与经济增长是正相关的，然而当其所占的比例过高时，它对经济增长的效应在边际上就成了负的，而非生产性支出对平均经济增长率的作用是负向的。而 Landau（1986）使用 1960～1980 年的 65 个发展中国家的有关样本，发现政府支出，特别是政府消费对经济增长有反向作用[247]。20 世纪

90 年代以来，越来越多的学者①开始关注中国政府公共支出与经济增长之间的关系，当然研究的结论也是不一致的。也有一些学者研究了地方政府公共支出与经济增长的关系，庄腾飞（2006）通过对中国 14 个省份1991～2003 年的面板数据的实证检验，得出在转型经济时期的中国，公共支出、政府消费性支出都对经济增长有显著的正向作用，而公共支出中的转移性支出与经济增长呈现非常弱的正相关关系[248]。

　　改革开放以来，中国在公共产品产出上的巨大变化引人注目，尤其是基础设施上的巨大变化更是同等发展程度的国家所望尘莫及的。中国在基础设施上的巨大变化及其对经济增长的重要作用吸引了越来越多的研究，Aschauer（1989a，1989b，1989c，1993）出色的实证工作展示了基础设施投资对经济发展的极端重要性从而激发了经济学家对基础设施投资的研究热情（张军等，2007）[13]。Bougheas，Demetriades 和 Mamuneas（2000）把基础设施作为节约成本的技术直接地放在 Romer（1986）内生经济增长理论框架下讨论其具体作用[249]。在他们的模型中，基础设施能够降低中间投入品固定生产成本，随着分工发展和中间投入品数量的拓展，经济获得内生增长动力。基础设施的积累通过专业化促进了经济增长。与此同时，基础设施的投资需要减少用于生产最终物品的资源，因此，其所用资源的机会成本而对经济增长也起着抑制作用。这两种力量的权衡导致了最终物品投入到基础设施建设的比重与经济的稳态增长率之间的关系是非单调性的。

　　对于中国基础设施的研究大多沿袭了 Aschauer（1989a，1989b，1989c，1993）的思路，大都集中于测度基础设施的产出弹性。这方面的文献包括Démurger（2001）[32]、Fan 和 Zhang（2004）[167]、范九利和白暴力（2004）[250]以及范九利、白暴力和潘泉（2004）[251]等。利用 1985～1998 年 24 个省的数据，Démurger（2001）发现交通和通信地区经济增长有着显著而巨大的关联，通过对各省增长率的进一步分解，发现交通和电信对东部发达省份的经济增长起到了巨大的贡献。而张军、金煜（2005）发现公路里程与地区经济增长有着显著的负相关，他们认为，虽然高的公路里程意味着高的基础建设水平有利于经济效率的提高，但高的公路里程也可能代表省份面积广阔，这实际上会提

---

　　① 主要有：马拴友，2000；庄子银和邹薇，2003；郭庆旺、吕冰洋、张德勇，2003；张明喜和陈志勇，2005；付文林和沈坤荣，2006；郭庆旺、贾俊雪，2006；刘卓珺、于长革，2006；钞小静、任保平，2007；等等。

高运输成本，不利于经济效率[66]。Démurger（2001）还认为，基础设施对于帮助内陆地区接受沿海地区的辐射极为重要。

Fan 和 Zhang（2004）考察了基础设施对中国农村经济发展的影响[167]。利用农业普查资料和其他的官方数据，Fan 和 Zhang（2004）用联立方程组估计了中国农村中的农业和非农业部门的生产函数，然后分解出地区间生产率差异的源泉，并估计了基础设施对各个地区劳动生产率与全国平均水平的差异的解释程度。他们发现道路对东部农业地区的解释力远远小于通信，在农业生产部门道路的贡献甚至为负，在非农部门也几乎没有解释力。通信起到了重要作用，在农业部门中对东部地区的贡献为20%，在非农部门中对东部地区劳动生产率的贡献为54%。从总的农业部门来看，基础设施解释了地区劳动生产率的差异的40%以上，但对西部地区则只能解释它的10%。该文章中基础设施对中部地区的反常解释力以及巨大的残差项都表明这项估计还有待深入。

关于基础设施还有一个很重要的问题需要注意，就是为什么不同的国家或地区会拥有不同数量和质量的基础设施？基础设施投资受到哪些因素的影响？Randolph，Bogetic 和 Hefley（1996）研究了决定基础设施投资的各种因素，使用的面板数据和时序数据涉及 1980～1986 年 27 个落后和中等收入国家，被解释变量为政府在交通和通讯上的人均支出，解释变量除了反映经济结构的指标（发展阶段、财政与国际收支平衡状况、贸易条件和制度）之外，特别强调了人口密度、城市化水平、城乡结构和劳动参与率的影响[252]。研究表明，人均基础设施支出对经济发展阶段、城市化水平和劳动参与率最为敏感。Henisz（2002）使用100多个国家（地区）长达两个世纪的数据研究发现，政治环境是解释国家间关键基础设施投资差异的重要决定因素[253]。在更广泛的意义上说，国家间基础设施投资的差异不仅受到经济发展阶段和发展特征的影响，也反映出政府和政策的质量因素（张军等，2007）[13]。一个国家或地区的基础设施的数量和质量也是其政府治理的水平、政治的管理模式以及政府行政效率的深刻体现。正因如此，许多考察政府质量或治理水平的指标体系中往往都包含有基础设施指标。

教育、医疗等公共服务是除了交通、通信、能源以及城市基础设施之外的重要的公共产品，它们更多是通过对人力资本水平的影响间接作用于经济增长。卢卡斯（Lucas，1988）将人力资本引入经济增长模型得出结论，具有较低水平的人力资本和物质资本的经济系统在稳态中将持续地具有比起初就具有较高水平的人力资本和物质资本的经济系统更低的产出水平[254]。他的研究从人力资本的角度可以解释地区收入差距，沿海地区比西部地区在公共教育投资上具有相对优势，这使得其资本边际效率下降更加缓慢甚至不变，从而内陆地区将失去新古典式的追赶效应（傅勇、张晏，2007）[92]。然而，许多对于中国人力资本与地方经济增长的实证研究中并没有发现二者之间的密切联系，甚至出现负相关。一个可能解释是，中国以就业为导向的人口流动大量存在，越是具有较高人力资本的劳动力流动性越强，从而地区人力资本并不一定必然服务于本地区。这也就解释了为什么地方政府在投资人力资本上的激励可能不足。

除了以上的视角，许多研究考察了政府在公共产品生产中的偏好，尤其是越来越多的研究开始关注中国在分权之后地方政府在公共产品供给中的偏差。在一份针对地区人力资本发展差距的研究中发现，随着教育卫生提供模式的制度变迁，财力不足的地方政府倾向于放弃人力资本投资，而发达地区恰恰相反（Zhang and Kanbor，2003）[31]。当然中国的情况并没有这么严重，然而，中国（包括各级地方政府）的教育投资始终偏低，1995 年大约占 GDP 的 2.5%，与此同时，大约 30% 用于实物投资，而美国同期的投入分别是 5.4% 和 17%，虽然中国教育投入有所提高，但不平衡状况仍然很显著（Heckman，2005）[255]。1992 ~ 1997 年俄罗斯 35 个城市教育在财政支出中的比重稳步从 19.4% 上升到22.9%，教育、卫生、文化体育 3 项上的支出比重一直维持在 40% 的水平（Zhuravskaya，2000）[256]。傅勇、张晏（2007）认为这是在中国的财政分权以及基于政绩考核下的政府竞争，造成了地方政府"重基本建设、轻人力资本投资和公共服务"的明显扭曲，政府竞争加剧了财政分权对政府支出结构的扭曲[92]。乔宝云、范剑勇和冯兴元（2005）也认为财政分权并没有增加小学义务教育的有效供给，这是因为西方通行的财政分权促进社会福利水平提高的两种机制（"用手投票"和"用脚投票"）在中国并不发挥作用，尤其是人口流动障碍及其地区性差异导致地方政府行为向追求资本投资与经济增长率的方向转变，各地区激烈的财政竞争挤占了义务教育等外部性较强的准公共物品性质的财政支出[91]。

已有的研究更多地注意了公共产品投入和产出对于经济增长的重要作用以及政府在供给公共产品中的偏好和扭曲，没有太多的研究注意公共产品供给的效率，而这又取决于公共资源配置的方式。为什么有些地方政府拥有更完善的基础设施？为什么不同地区的政府拥有不同的行政效率？为什么在不同的地区拥有不同的交易效率？地方政府在提供同样的公共产品时效率如何？不同的配置效率决定了同样的资源所带来的产出绩效是不同的。这些问题都应该能够从公共资源的配置方式中得到一定程度的解释。

7.2　地区公共资源配置效率的检验

7.2.1　检验方法

本书使用非参数"数据包络分析"方法（data envelopment analysis，DEA）分析地区公共资源配置效率，以此来评估个地方政府使用公共资源进行生产的效率，这间接反映了不同地区地方政府行政治理的效率，也反映了不同地区的不同交易效率。

DEA 方法首先由 Farrell 提出，经过 Charnes 等人的工作而得到越来越广泛的应用。这种方法通过线性规划计算实际产出与潜在产出的距离来判断效率的利用程度，能够避免联立方程组偏差和方程设定误差等计量中的问题，因而越来越受到青睐。一般而言，这一方法既可以从投入的角度也可以从产出的角度来计算效率。基于投入视角衡量的效率，是用来评估为了得到相同的产出应该使用何种比例的投入才能做到投入最小；而基于产出视角的计算，是为了发现使用相同的投入如何才能够得到最大的产出。在规模报酬不变（CRS）的假设下，从这两个角度核算出的效率水平是完全相等的，而在规模报酬可变（VRS）的前提下，结果就可能是不一样的。

在使用 DEA 进行公共资源配置效率核算的过程中，我们所使用的投入是地方政府可以控制数量的可控投入，除此之外，这种公共资源的配置效率还会受到很多不可控投入的影响，例如，对外开放程度、城市化程度等。在使用 DEA 方法核算技术效率的过程中，由于可控投入和不可控投入都会对技术效率产生影响，因此，已有文献早已提出了解决的办法，它们通常使用两阶段分析框架来处理这个问题。第一阶段使用可控投入估计效率得分，第二阶段则主要是根据不可控投入变量来解释这个效率得分的分布情况。一般而言，效率得分并不服从正态分布，因此，不符合最小二乘法（OLS）估计的古典假定，在回归中会造成估计偏误。因此，为了避免 OLS 估计带来的偏误，我们通常使用受限因变量模型（limited dependent variable model）也就是 Tobit 模型来对第二阶段进行估计和分析。本书也在这一两阶段框架下展开分析。

Tobit 模型是经济学家、1981 年诺贝尔经济学奖获得者 J. 托宾（James To-bin）于 1958 年在研究耐用消费品需求时提出来的一个经济计量学模型。基本结构如下：

假设某一耐用消费品支出为 y_i（被解释变量），解释变量为 x_i，则耐用消费品支出 y_i 要么大于 y_0（y_0 表示该耐甩消费品的最低支出水平），要么等于零。因此，在线性模型假设下，耐用消费品支出 y_i 和解释变量 x_i 之间的关系为：

$$y_i = \begin{cases} \beta^T x_i + e_i & 若 \beta^T x_i + e_i > y_0 \\ 0 & 其他 \end{cases} \tag{7.1}$$

$$e_i \sim N(0,\ \sigma^2),\ i = 1,\ 2,\ 3,\ \cdots,\ n$$

其中，x_i 是（k + 1）维的解释变量向量；β 是（k + 1）维的未知参数向量。此模型称为截断回归模型（censored regression model）。假设已知，模型两边同时减去 y_0，变换后模型的常数项是原常数减去 y_0，由此得到的模型标准形式称为"Tobit 模型"（tobit regression model）：

$$y_i = \begin{cases} \beta^T x_i + e_i & 若 \beta^T x_i + e_i > 0 \\ 0 & 其他 \end{cases} \tag{7.2}$$

$$e_i \sim N(0,\ \sigma^2),\ i = 1,\ 2,\ 3,\ \cdots,\ n$$

Tobit 模型还可表示为：

$$y_i^* = \beta^T x_i + e_i$$

$$y_i = \begin{cases} y_i^* & 若 y_i^* > 0 \\ 0 & 若 y_i^* \leq 0 \end{cases} \tag{7.3}$$

Tobit 模型的一个重要特征是，解释变量 x_i 是可观测的（即 x_i 取实际观测值），而被解释变量 y_i 只能以受限制的方式被观测到：当 $y_i^* > 0$ 时，取 $y_i = y_i^* > 0$，称 y_i 为"无限制"观测值；当 $y_i^* \leq 0$ 时，取 $y_i = 0$，称 y_i 为"受限"观测值。即，"无限制"观测值均取实际的观测值，"受限"观测值均截取为 0。

更为一般意义的模型：

$$y_i^* = \beta^T x_i + e_i,\ (i = 1,\ \cdots,\ N),\ \varepsilon_i \sim N(0,\ \sigma^2) \tag{7.4}$$

其中：

$$y_i^* = \begin{cases} a & 若 y^i \leq a \\ y_i & 若 b > y_i > a \\ b & 若 y_i \geq b，这里 y_i \sim N\ (\mu,\ \sigma^2) \end{cases} \tag{7.5}$$

本书使用 DEAP2.1 软件进行核算。

7.2.2　数据及其描述

本书只考虑一种投入和一种产出的情况。我们选择 1978～2008 年各省的人均预算内财政支出（元/人）代表各省为了提供一定的公共产品所投入的公共资源，以此作为 DEA 的投入变量。至于产出变量，直接测量地方政府的生产结果是困难的，因此，我们直接使用各地区在公共产品上的产出表现来作为地方政府生产的结果。

具体而言，第一类指标（OUT1）是基础设施指标。中国基础设施的变化让世人惊叹，这是地方政府提供的公共产品中变化最为明显的地方。基础设施的建设表现为高速公路、轨道、机场、车站、通信、城市公用事业以及农村基础设施这些物质条件的改变，这些基础设施水平差异的背后更多地反映了政治治理和政府作为的差异（张军，2007）[13]。我们使用以下几个子指标来衡量地区基础设施的变化：铁路公路密度、人均邮电业务量（万元/人）、人均能源消费量（千克标准煤/人）、农村有效灌溉面积占总面积的比例、农村人均用电量。第二类指标（OUT2）是教育，具体子指标包括各地区高等学校、中等学校（含中专）和小学的教职工人数占总人口的比重。第三类指标（OUT3）是医疗卫生指标，分别用各地区每万人口拥有的医疗床位数和医生数来表示。借鉴 De Borger et al.（1996）[174]以及 Afonso et al.（2005）[175]的研究，上述所有的子指标都除以各自的平均值以消除不同单位的影响，三类产出指标由各自正规化后的子指标简单平均而得，各地区的总产出指标由三类产出指标简单平均而得。表 7-1 给出了计算出的 2008 年各地区的三类产出指标和总产出指标（OUT），其他年份的产出指标见附表。

从表 7-1 中可以看出，各省份在产出表现上有较大差异。从基础设施表现上看，前十位中有九个省份属于东部地区，其中上海、北京、天津位列前三。在教育指标上是北京最好，天津、上海紧随其后，西部地区重要的教育大省陕西排在第四位。从医疗卫生条件上看，依然是北京、天津、上海占据了前三名，尤其是北京要比其他省份高出许多。从整体上看，东部地区明显好于中西部地区。从我们计算出来的总产出指标来看，前十名中有八个属于东部地区，西部地区发展较好的省份内蒙古和陕西分别排在第七和第九位。指标最高的依次是上海、北京和天津，计算出来的代表公共产品产出的指标值高达

3.7~4.6，而排名最后三位的省份依次是广西、安徽和贵州，贵州最低，总产出指标仅为1.137。当然，从整体来看，中部地区省份表现并不比西部地区省份突出。

表 7-1　　　　2008 年中国各省份公共资源配置效率分析结果

省份	产出				公共资源配置效率	
	OUT1 基础设施	OUT2 教育	OUT3 卫生	OUT 综合产出指标	得分	排名
北京	7.184	2.544	2.588	4.105	1.000	1
天津	7.137	2.471	1.568	3.726	1.000	1
河北	3.194	1.292	1.022	1.836	0.997	7
上海	10.116	2.254	1.548	4.639	1.000	1
江苏	3.781	1.419	0.988	2.063	0.828	12
浙江	4.599	1.196	1.164	2.320	0.923	9
福建	3.686	1.355	0.916	1.986	0.950	8
山东	3.488	1.303	1.127	1.973	1.000	1
广东	5.177	1.157	0.928	2.421	1.000	1
辽宁	3.672	1.413	1.424	2.170	0.807	13
海南	2.643	1.307	0.910	1.620	0.653	23
山西	3.238	1.584	1.329	2.050	0.862	11
吉林	2.316	0.930	1.288	1.511	0.599	26
黑龙江	2.508	1.356	1.117	1.660	0.681	21
安徽	1.955	1.009	0.762	1.242	0.749	16
江西	2.078	1.400	0.810	1.429	0.759	15
河南	2.684	1.159	0.820	1.554	1.000	1
湖北	2.445	1.385	0.953	1.594	0.863	10
湖南	2.189	0.804	0.919	1.304	0.742	17
内蒙古	3.815	1.306	1.237	2.119	0.716	18
广西	2.021	1.037	0.790	1.283	0.696	20
四川	1.965	1.047	0.933	1.315	0.576	29
贵州	2.062	0.670	0.679	1.137	0.596	27

续表

省份	产出				公共资源配置效率	
	OUT1 基础设施	OUT2 教育	OUT3 卫生	OUT 综合产出指标	得分	排名
云南	2.154	1.015	0.852	1.340	0.631	25
陕西	2.785	1.748	1.056	1.863	0.792	14
甘肃	1.808	1.289	0.942	1.347	0.584	28
宁夏	3.213	0.882	1.170	1.755	0.636	24
新疆	2.771	1.449	1.404	1.875	0.698	19
青海	2.426	1.132	1.050	1.536	0.496	30
重庆	2.892	0.900	0.819	1.537	0.679	22
平均值	3.400	1.327	1.104	1.944	0.784	

7.2.3　基于 DEA 方法的公共资源配置效率分析

利用人均预算内财政支出指标和前面计算出来的地方政府总产出指标，基于产出角度和可变规模报酬的假定，本书分年计算了 1978～2008 年各省份的 DEA 得分，以此来反映各地区公共资源配置效率的差异。作为代表，本书仅在表 7－1 中列出了 2008 年各地区的相对效率及排名，其余见附表 7－1。

从表 7－1 中 2008 年各省份的 DEA 得分可以看出，各省份的公共资源配置效率相差很大，按照排名从最高的北京等的得分 1 到排名最低的青海省的得分仅为 0.496。在以人均预算内财政支出作为投入进行的划算中，有 6 个省份处于理论上的生产前沿，分别是北京、天津、上海、山东、广东、河南，得分都是 1，河北紧随其后，得分也很接近 1，为 0.997。DEA 得分排在前十名的有 8 个是东部省份，除海南排名较后外（第 23 位），江苏、辽宁分别处在第 12 和 13 位。而西部地区所有省份的 DEA 得分都排名在第 13 位之后，其中排名最后的十位中西部地区省份占了 8 名，整个西部地区公共资源的配置效率是比较低的。中部地区各省份的 DEA 得分分布较分散。各省份全年平均的 DEA 得分为 0.784，这意味着相比于公共资源配置的最佳产出前沿，平均各省份有 22% 左右的支出资源被浪费掉了。

我们计算了全国和三大地区 1978～2008 年的历年公共资源配置效率平均得分（见图 7－1），从图 7－1 中可以看出，全国平均的效率值历年基本维持在 0.7 ~ 0.8，2005 年以来全国的相对效率值出现了一定程度下降的趋势。从三大地区来看，东部地区的相对效率的平均值在 1992 年之后出现了持续的上升，并在 2001 年之后超过中部地区。中部地区相对效率的平均值在 1981 ~ 2000 年的较长时间内始终处于较高的程度，但始终处在原地踏步的状态，并且在最近几年出现了不断下降的趋势。中东部地区的相对效率平均值远远高于西部地区，西部地区的相对效率平均值始终处于较低的水平，并且出现较大程度的波动。

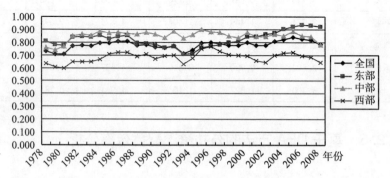

图 7 - 1　　全国及东中西部地区 1978 ~ 2008 年公共资源配置效率平均得分

我们计算了初始的 1978 ~ 1980 年、1992 ~ 1994 年以及 2006 ~ 2008 年各省份的公共资源配置效率平均值，通过平均值平滑特殊年份的影响，目的在于比较效率值在各年的分布以及随年份变化的特征。在改革之初，除北京、重庆、海南外，其他省份效率值差异并不是非常大，公共资源配置效率相对较高的地区主要集中在中部地区和东北，这种情况到了 1992 ~ 1994 年开始略有变化，中部地区仍然保持了较高的配置效率，同时，京津冀地区也表现出了相对较高的配置效率。而到了 2006 ~ 2008 年，有效率的省份表现出明显的向京津冀和东南沿海省份转移的趋势，配置效率最高和次高的省份基本都集中在东部地区，这既得益于这些地方地理和政策上的优势，也得益于 1992 年之后改革开放的进一步深入。

7.3　公共资源配置方式与效率

为了进一步分析为什么不同省份拥有不同的公共资源配置效率，本书在计算出来的各省份公共资源配置效率 DEA 得分的基础上，利用受限 tobit 模型对各种可能影响公共资源配置效率的变量进行回归。回归的目的，一是要检验上述所发现的东中西部地区之间的不同效率变化模式是否显著；二是检验除政府支出之外的哪些因素会影响政府公共资源配置的效率，并估计这些因素对各地区公共资源配置效率表现的影响。

7.3.1　模型及数据选择

基于以上的分析，我们建立了如下的 tobit 模型来估计这些因素对公共资源配置效率的影响：

$$EPS_{it} = \alpha_0 + \alpha_1 DPR_{it} + \alpha_2 OPEN_{it} + \alpha_3 URBAN_{it} + \alpha_4 SOG + \varepsilon_{it} \qquad (7.6)$$

其中，EPS 是上文中计算出来的各省份公共资源配置效率得分；DPR 是各省份公共资源配置的差异，我们通过各地区地方政府参与经济的程度来反映公共资源配置的差异；OPEN 是对外开放程度；URBAN 是城市化水平；SOG 是政府规模。

对数据的说明如下：

公共资源配置效率，用 EPS 表示，使用本书计算出来的各省份公共资源配置的 DEA 得分。我们认为，公共产品是公共领域中的公共资源，其生产效率间接反映了各省份配置公共资源的效率。

公共资源配置方式，用 DPR 表示。在影响公共资源配置效率性的众多因素中，配置方式无疑是最重要的影响因素，是以市场配置资源还是仍然借助于行政手段配置资源，会造成资源配置的效率及效果呈现出不同的结果。如果市场化程度越高，政府对经济的干预就越少。因此，本书以反映政府干预经济的指标和市场化程度的常用指标来代表公共资源配置市场化程度的差异。主要的指标包括：第一个指标是国有经济在整个国民经济中的重要性，用"工业生产值中国有经济所占的比重""全社会固定资产投资中国有经济所占的比重""国有企业职工占全部从业人数的比重"的平均值来衡量；第二个指标反映地方政府行政垄断的能力，用"政府一般财政收入占 GDP 的比重"来衡量；第三个指标反映政府干预经济的能力，用"政府消费占全部最终消费的比重"来表示。借鉴陈诗一等人（2008）[173] 的方法，我们以这三个指标的平均值作为公共资源配置方式的指数，该指数是一个反向指数，值越高表明公共资源配置的市场化程度越低。

除此之外，我们引入其他控制变量，这些变量有些是政府可以控制的，有些是政府无法控制的，包括：

对外开放的程度，用 OPEN 来代表。地方政府为吸引投资而竞争的过程中，倾向于提供优质的公共产品，同时更多的外资涌入也会要求政府改善其治理效率，积极提高交易效率，降低对于经济的干预，硬化政府的财政收支约束，从而更有利于非国有经济的发展，提高一个地区的资源利用效率。同时，随着开放程度的提高，能够促进农村剩余劳动力向城市的转移，加快城乡融合的速度和程度，进而降低城乡收入差距，这也会提高一个地区整体的交易效率和经济发展水平。可见开放程度的不断提高会从政府和市场两个方面提高资源配置效率。我们用各省的贸易依存度来代表各省的对外开放程度，同时我们在回归中也引入了外商直接投资（FDI）以考察各省在招商引资中的努力对效率造成的影响。

城市化水平，用 URBAN 代表。城市化水平的提高通过城市巨大的聚集效应能够使得每一单位资源的使用效率提高。我们使用城镇人口占总人口的比例来衡量城市化水平。

政府规模，以 SOG 代表。我们以政府消费占 GDP 的比重来衡量政府规模。

此外，基于本书的目标，我们引入三大地区的虚拟变量 D1、D2、D3 分别代表东部、中部、西部地区，1994 年实行的分税制改革普遍被认为是提高了地方政府发展经济的积极性，因此，我们也需要检验一下 1994 年分税制前后全国和东部、中部、西部地区在公共资源配置效率上的变化是否显著，因此，我们同时引入代表 1994 年分税制改革的时间虚拟变量 T 以及三大地区虚拟变量与时间虚拟变量的交互项（D1 × T、D2 × T、D3 × T）。这些地区虚拟变量和时间虚拟变量反映了地理区位特征和政策环境变化等不可观察的解释变量。

7.3.2　检验结果

对上述变量进行单位根检验发现，urban 和 sog 是不平稳的，但其一阶差分是平稳的。我们使用受限 tobit 回归，假定效率得分高于 0.99 的省份都是有效的，而低于 0.78[①] 的省份都是无效率的。回归结果如表 7 - 2 所示。

---

① 0.78 是各地区历年平均效率值。

表 7 - 2   中国各省份公共资源配置效率的影响因素
分析（tobit 随机效应面板数据）

变量	模型 1	模型 2	模型 3	模型 4	模型 5
常数项	1.329757 (0.000)	0.9714467 (0.000)	1.680092 (0.001)	1.594918 (0.002)	1.576244 (0.001)
东部哑变量（d1）			0.010649 (0.986)	0.1048652 (0.861)	0.0191445 (0.974)
西部哑变量（d3）			−1.194189 (0.044)	−1.209689 (0.039)	−1.202146 (0.037)
财政分权时间 哑变量 T				0.2649382 (0.001)	
D1 × T					0.4876717 (0.000)
D2 × T					0.1971788 (0.038)
D3 × T					0.1855458 (0.121)
公共资源 配置方式（dpr）	−0.0381569 (0.000)	−0.0263899 (0.000)	−0.0363846 (0.000)	−0.0298984 (0.000)	−0.02839 (0.000)
对外开放 程度（tie）	0.0090782 (0.000)	0.004673 (0.009)	0.009158 (0.000)	0.009703 (0.000)	0.0082959 (0.000)
外商直接 投资（fdi）	−0.0687793 (0.000)		0.0685308 (0.000)	−0.0882923 (0.000)	−0.1017909 (0.000)
城市化 水平（urban）	0.0013624 (0.650)	0.0005914 (0.848)	0.0012381 (0.681)	−0.0044125 (0.199)	−0.0036443 (0.289)
政府规模（govs）	−0.0196709 (0.000)	−0.019782 (0.000)	−0.0186015 (0.000)	−0.0193248 (0.000)	−0.0179584 (0.000)
个体效应标准差	0.2341397 (0.000)	0.226123 (0.000)	0.2243946 (0.000)	0.2214773 (0.000)	0.2160699 (0.000)
干扰项标准差	0.024129 (0.000)	0.025234 (0.000)	0.0241164 (0.000)	0.0239209 (0.000)	0.0238044 (0.000)

变量	模型 1	模型 2	模型 3	模型 4	模型 5
似然比检验（卡方）	98.77	68.18	100.58	107.15	111.47
rho	0.8688568	0.8508214	0.8535187	0.8495401	0.8425397
对数似然值	-549.82991	-570.24526	-547.70241	-541.71087	-538.48529
N	930	930	930	930	930

注：括号中为相应的 P 值。

表 7-2 是各个模型的计量结果。表 7-2 显示，东部地区各省份的公共资源配置效率与中部地区各省份的差异不显著，而西部地区各省份的公共资源配置效率平均值比中部地区要低 1.2 左右，而且系数在统计上都十分显著。1994年分税制改革以后，从全国来说，各省份公共资源的配置效率平均提高了0.26，而且统计上很显著。就三大地区而言，东部地区各省份的平均配置效率相比于 1994 年以前显著地提高了 0.49，中部地区各省份的平均配置效率相比于原有水平显著地提高了 0.20，而西部地区各省份的平均配置效率在 1994 年以后也显著地提高了 0.19。无论是从全国还是从各地区，以分税制改革为标志的财政分权显著地提高了各省份的公共资源配置效率，这从另一个层面论证了财政分权所具有的积极意义。

在所有模型中，我们以市场化程度和政府干预经济的强弱所衡量的公共资源配置方式对各省份公共资源配置效率都有显著地负影响，这和前面我们已有的分析是一致的，政府对公共资源配置干预的越多，公共资源的配置效率就越低。以贸易依存度度量的对外开放程度对各省份公共资源配置效率的作用都为正，而且统计结果也很显著，这说明对外开放确实是有利于提高地区公共资源配置效率的。然而，在所有的模型中，外商直接投资对各省份公共资源配置效率的作用显著为负，这说明各地区为了招商引资所进行的竞争有可能损害了公共资源配置的效率。

城市化水平对公共资源配置效率的影响并不确定，也不显著。城市对于提高资源配置效率的意义还需要作进一步的深入研究。

以政府消费来衡量的政府规模变量对公共资源配置效率的影响为负，而且十分显著。这说明政府规模越大，越不利于地区公共资源配置效率的提高，"小政府"是更有效率的。

表7-2还给出了随机效应回归模型中随机项方差的两个组成部分，即个体固定效应和干扰项的标准差估计值，rho 的值则代表了个体效应的方差（即组间方差）占总方差的比例，所有模型的 rho 值都超过了 0.85，说明个体效应的变化主要解释了各省份公共资源配置效率的变化。似然比检验的零假设为个体效应的方差等于零，从结果可以看出，零假设被拒绝。对数似然值是基于最大似然法得到的统计量。

为了进一步比较不同地区之间的差异，表7-3列出了针对不同地区的基本模型和加入财政分权哑变量的扩展模型检验结果。可以看出，地区之间的差异是明显的。公共资源配置方式的变化在东部、中部地区具有显著的负影响，只是在中部地区这种负面影响更大，而在西部地区有很小的正影响，但是并不显著。这说明是主要基于市场还是主要基于政府配置公共资源是造成地区之间公共资源配置效率差异的主要因素，图7-2显示了历年东部、中部、西部地区 DPR 平均值的变动，可以看出，从 20 世纪 90 年代开始，东部地区始终具有更低的 DPR 值，反映出公共资源配置的市场化程度更高。

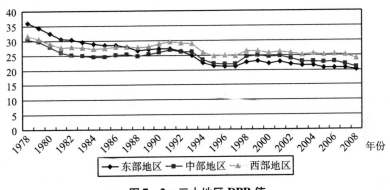

图7-2 三大地区 DPR 值

对外开放程度对东部地区公共资源配置效率的改善有显著的正影响，只是系数并不大；而外商直接投资无论对于东部还是中部、西部地区，影响系数都是负的，但只在东部地区具有显著性。城市化水平对公共资源配置效率的影响并不是非常显著，但是在东部地区城市化对公共资源配置效率的影响是正的，而在中西部地区却表现出负的影响。政府规模变化的影响在东中西部地区表现不同，在东中部地区并没有表现出显著性，而在西部地区却表现出显著的负影响，相比于西部地区的产出而言，政府的规模过大是一个重要的问题。

财政分权对公共资源的配置效率在东部和西部地区都表现出显著的正影

响，而对于中部地区却表现出一定的负影响，尽管统计上并不显著。对于东部、西部地区而言，实行财政分权后，公共资源配置效率分别提高了 0.41 和 0.69 这或许是因为分权之后，这些地区有了更多的财权和财力去改善本地区的公共产品和公共服务，从而具有了更高的公共资源配置效率。

表 7-3　东部、中部、西部地区公共资源配置效率的影响因素分析
（tobit 随机效应面板数据）

变量	东部地区		中部地区		西部地区	
公共资源配置方式	-0.0551205 (0.000)	-0.0450543 (0.000)	-0.0770375 (0.000)	-0.0795101 (0.000)	0.0170949 (0.379)	0.0387207 (0.070)
对外开放程度（tie）	0.0055107 (0.013)	0.005656 (0.010)	-0.0028528 (0.809)	-0.0037529 (0.753)	0.0441394 (0.026)	0.02327 (0.279)
外商直接投资（fdi）	-0.0820972 (0.000)	-0.106944 (0.000)	-0.0514043 (0.165)	-0.0401595 (0.352)	-0.003828 (0.970)	-0.1162229 (0.335)
城市化水平（urban）	0.0075141 (0.068)	0.0028584 (0.508)	-0.0122966 (0.107)	-0.0110303 (0.168)	-0.015763 (0.088)	-0.0283525 (0.013)
政府规模（govs）	-0.0122961 (0.320)	-0.0233376 (0.107)	0.0118309 (0.427)	0.0146769 (0.356)	-0.0161821 (0.002)	-0.014511 (0.003)
财政分权时间哑变量 t		0.4106299 (0.002)		-0.066412 (0.613)		0.6919888 (0.019)
常数项	1.958858 (0.000)	1.915614 (0.000)	2.834293 (0.000)	2.849582 (0.000)	-1.594968 (0.057)	-1.886385 (0.029)
个体效应标准差	0.227149 (0.000)	0.2290055 (0.000)	0.1500452 (0.000)	0.1514514 (0.000)	0.6842966 (0.006)	0.6061243 (0.006)
干扰项标准差	0.0339238 (0.000)	0.0333185 (0.000)	0.0295671 (0.000)	0.02954 (0.000)	0.0910091 (0.000)	0.0895564 (0.000)
似然比检验（卡方）	76.71	78.29	26.37	26.63	23.95	25.58
rho	0.7201301	0.7200871	0.6520814	0.655985	0.8588457	0.8277321
对数似然值	-236.88178	-231.63075	-148.89303	-148.76509	-125.25166	-122.06249
N	341	341	248	248	341	341

注：括号中为相应的 P 值。

7.4　本章小结

公共资源的配置效率是影响交易效率的重要因素，因此，本章研究了公共资源的配置效率及其影响因素。由于数据的限制，我们以政府所掌握的一般财政收入衡量政府所掌握的公共资源的多少，以政府提供的公共产品（其本身也是公共资源）作为产出，计算了政府的配置效率，借助于两阶段研究框架，在第一阶段，我们运用非参数 DEA 方法（投入视角、规模报酬可变）核算了各地方政府的公共资源配置效率得分。在第二阶段，利用受限随机效应的 tobit 模型回归和解释了各地区效率得分的差异。结果发现：全国平均的效率值历年基本维持在 0.7~0.8，这说明我国的公共资源配置效率还有很大的提高空间，这将是我们进一步促进经济增长的重要动力。同时也必须警惕，2005 年以来全国的相对效率值出现了一定程度下降的趋势。从地区之间来看，公共资源配置效率与经济增长的表现一样在三大地区之间呈现出明显的差距。东部地区的相对效率的平均值在 1992 年之后出现了持续的上升，并在 2001 年之后超过中部地区；中部地区相对效率的平均值在 1981~2000 年的较长时间内始终处于较高的程度，但始终处在原地踏步的状态，并且在最近几年出现了不断下降的趋势；而西部地区的相对效率平均值始终处于较低的水平，并且出现较大程度的波动，也远远低于中部、东部地区。

究其原因，公共资源的配置方式是影响公共资源配置效率的重要因素。无论是从全国层面的面板数据还是地区层面的面板数据，公共资源的配置方式都对其配置效率有显著的负影响，与此同时，政府规模也表现出显著的负影响。从地区之间的比较来看，公共资源配置方式的差异是导致地区之间公共资源配置效率差异的主要原因之一。

第8章

政 策 启 示

8.1 政 策 启 示

尽管通过基尼系数的计算和分解，我们已经发现东部、中部、西部地区之间的经济差距已经出现了缩小的态势，但是地区之间的较大经济差距仍然是中国经济发展中不容忽视的重要问题。实际上，不论是从理论研究还是政策实践的层面，这个问题一直受到重视，我们已经实行的西部大开发、中部崛起政策以及进一步推进西部大开发的种种努力都是为了区域经济协调能够发展而做出的必然选择。在前面的理论和实证研究中，我们分析了地区经济增长的影响因素及其在不同地区经济增长中的不同作用，本章从这些影响因素出发，探讨尽可能迅速有效地缩小地区经济差距的对策。

8.1.1 改善地区交易效率，促进地区经济协调发展

前面的理论和实证分析已经证明，交易效率是经济增长的重要推动力。在三大地区之间，不同的交易效率导致了不同的经济增长绩效，因此，促进区域经济协调发展、缩小地区经济差距，不仅是要在劳动力投入、资本投入上下功夫，更重要的是要在提高交易效率上做文章。对于中部、西部地区而言，高的交易效率更能够吸引优质的劳动力和更多的资本投入的流入。而且，中部、西部地区并不具备地理位置、发展政策上的优势，同时经济发展程度已经落后，所以很难在这些方面同东部地区竞争，所以更应该重视交易效率的改善。

交易效率的提高主要来源于资源配置效率的提高、制度进步和外部治理环境的改善，具体涉及基础设施、市场化程度、城市化、对外开放程度、公共服务以及政府行政效率等方面。无论是从交通基础还是通信基础设施来看，中部、西部地区普遍偏低，因此，对于中部、西部地区而言，应该继续加大交通、通信基础设施建设，争取取得突破性进展。同时应该加大对中西部地区发展地方性金融机构、非金融机构、农村信用社改革试点方面的支持，为中小企业、民营经济提供金融保障，支持企业上市融资。除此之外，中部、西部地区在城镇化、市场化、对外开放程度上都有很大的扩展空间，而城镇化、市场化、对外开放程度的提高既是交易效率改善的表现又是促进交易效率提高的动力，既是经济增长的后果又是经济增长的动力。因此，中部、西部地区应该进一步加速城镇化进程，提高市场化程度，加强对外开放。

8.1.2 改善资源配置方式，提高公共资源配置效率，促进地区经济协调发展

从资源配置的角度来讲，改善资源配置方式主要包括两个层面的含义：一是减少公共部门控制的社会经济资源；二是提高公共部门公共物品的供给效率，优化公共物品的供给结构。换句话说，这仍然是我们一再提到的转变政府职能的问题。在改革开放之初，政府尤其是地方政府担负着地方民营化和培育地方市场的责任，因此，对经济干预的过多，控制了大量的资源。不可否认，地方政府在地方民营化和培育地方政府的过程中起到了很大的作用，然而在这个过程中也包括了一些不利于培育和维护市场秩序的手段，如纵容本地企业生产假冒伪劣产品，实行地方保护主义等，地方政府既当"裁判员"又当"运动员"，这种定位的模糊和职能的不清晰不利于市场机制的发展。因此，随着市场经济体制的逐步建立和完善，必须明确地方政府职能，把属于市场的使命还给市场，其中之一就是要求减少地方政府所掌握的社会经济资源，将更多的资源交给市场去配置。政府的职能在于做好基础性工作，更高效地供给更多的公共产品以满足日益增长的社会发展需求，包括建立财产权的法律基础、维护公平、提供基本的社会服务、保持良好的政策和制度环境等。而资源配置的事情应该交给市场，由价格机制来进行最优配置。最终可以在地方性市场化的基础上促进全国性市场的整合，实现国内统一的大市场，这会极大地促进专业化和内生的技术进步，长期内有助于缩小地区间经济差距。

　　与此同时，必须优化公共产品的供给结构。在现行的考核体系之下，地方政府偏好供给硬性公共品，导致许多地区甚至出现了基础设施等硬性公共品供给过度的趋势；而像教育、医疗等软性公共品供给不足，甚至已经远远不能满足当地居民的需求和偏好。而这种软性公共品往往具有一定程度的外溢性，同时对地区长期经济增长具有重要意义。因此，必须明确地方政府在供给此类产品时的最低标准，保证满足地区居民的需求和偏好。

8.1.3　推进区域间公共服务尤其是基本公共服务的均等化，促进地区经济协调发展

　　公共服务均等化要求政府为社会公众提供基本的、在不同阶段具有不同标准的、最终大致均等的公共物品和公共服务。这是实现公平分配、实现公平与效率兼顾的必然要求，也是构建和谐社会的重要内容和必然要求。从经济发展的角度讲，实现公共服务的均等化有利于促进全国统一大市场的形成，有利于吸引劳动、资本等生产要素在省份间的自由流动，通过自由流动实现生产要素达到空间配置的最优化，同时公共服务的均等化有利于缓解欠发达地区人口的贫困程度，区域间公共服务尤其是基本公共服务的均等化实际上较大幅度提高了欠发达地区居民的实际可支配收入，能够在相当程度上改善其生存状态，提高其消费能力，拓展其发展机会，有利于欠发达地区顺利跳出"贫困陷阱"，进而为缩小与发达地区的经济差距奠定基础。

　　究其内涵，区域间公共服务均等化尤其是基本公共服务均等化是满足不同区域间人们生存和发展最基本条件的均等化，它内含并要求在不同区域之间实现基本公共服务的内容和水平的均等化、公共服务设施、条件及资源占有的均等化，它意味着不同地区的居民都享有相同的权利和机会，不会因身份和地区的不同而受到不同的待遇。这有利于择业自由和分工水平的顺利演进。

　　因此，必须结合不同阶段、不同领域、不同区域，通过科学规划、合理统筹、循序渐进地推进区域间公共服务尤其是基本公共服务均等化，以加快促进区域协调发展。从中国目前区域经济发展的现状看，重点是要扶持和促进中西部欠发达地区的基本公共服务均等化。具体而言，对于东部发达地区，应该鼓励其进一步提高基本公共服务水平，率先实现东部地区区域间、城乡间基本公共服务均等化；而对于中西部地区而言，应该引导各级政府加大投入力度，切实提高中西部地区基本公共服务的水平，尤其是要提高在义务教育、公共卫生

和基本医疗、基本社会保障等领域的基本公共服务水平。通过提高欠发达地区的经济社会发展水平，促进地区经济发展，从而缩小区域间的发展差距。

8.1.4 进一步推进市场化改革和全方位开放，促进地区经济协调发展

市场化和对外开放是提高交易效率、促进经济增长的重要层面。在这两个层面上，中部、西部各省份必须抓住时代机遇，加快改革开放步伐，全方位扩大对外开放的层次、范围和力度。在思想观念上要由初级开放转向高层次大跨度的开放转变，进一步解放思想，克服封闭意识，启动开放的内在活力，强化对外开放的主体意识和全民开放意识，提高市场的开放水平。在对外开放战略上要从局部开放转向全方位开放，在对外开放规模上要从部分生产要素开放扩大到各种生产要素开放，在开放形态上要从过去以引进资金、出口商品为特征的实物型开放转向以体制、服务为特征的非实物开放。对外开放不能满足和停滞在现有水平和领域，要制订一系列有利于中部、西部地区资金输入的优惠政策和措施，将外资引进，并将开放的领域拓宽到商贸、金融、旅游、交通、通信、能源和房地产等产业，推动对外开放更大的范围发展，吸收外资进行区域开发或流域开发，尤其是能源开发，从而为中部、西部地区的资源开发创造条件。此外，由于中西部地区的自身积累、自我发展的能力较弱，两地区不仅需要引进国外的资本，而且还需要将境内不同地区的资本特别是东部地区的资本吸引过来，不断推动区域经济发展，推进城市化进程。利用外资充分发挥经济发达地区的扩散效应，以带动周边地区经济的快速发展。

8.2 本章小结

促进地区经济协调发展是一个涉及方方面面的系统工程，本章从交易效率的角度提出了几点加快欠发达地区交易效率发展进而促进地区经济发展的建议。总体上来看，在今后相当长的时间内，缩小地区经济差距，促进区域经济协调发展都将是我们面对的一个重要问题。必须继续实施西部大开发、振兴东北等地区老工业基地、促进中部地区崛起、鼓励东部地区率先发展的区域发展总体战略，认真落实国家促进区域协调发展的各项规划和政策，健全区域协调

发展的体制和机制，加快形成国土开发利用有序、区域间良性互动、区域发展差距缩小的区域协调发展格局。同时，必须进一步健全有利于协调发展的财税制度，健全以合理的资源价格为基础的资源开发补偿机制，创新区域间公共事务多元化治理机制。对于中部、西部地区而言，应该重点发展中部、西部城市群，提升城市群要素集聚能力，加快发展培育若干带动力强的经济轴带，促进经济圈（区）的形成和发展，积极培育区域性增长极；同时要充分有效地发挥各地区的比较优势，培育中部、西部优势特色产业，推进承接产业转移平台建设，引导东部产业向中部、西部地区转移。只有这样，才能够加快缩小地区经济差距，促进区域经济协调发展。

结　束　语

本书试图从交易效率的角度解释中国经济增长的源泉与地区经济差距的形成原因，因此，本书对中国的地区经济差距进行了理论总结和经验检验，在探讨交易效率思想的渊源与演进过程、界定交易效率的概念的基础上，建立了交易效率与经济增长、地区经济差距的分析框架，并借助于1978～2008年中国的时间序列数据和各地区的面板数据进行了经验检验。同时也注意到不同地区公共资源配置的不同效率是导致不同地区呈现出不同的交易效率的重要原因，因此，探讨了不同地区公共资源配置效率的高低及其影响因素。本书的主要研究结论如下：

（1）对1978～2008年泰尔指数的计算发现：从总体上看，中国人均GDP的泰尔指数经历了下降（1978～1990年）、扩大（1990～2002年）、再下降（2003～2008年）的演变态势。这表明中国地区经济差距已经出现了缩小的趋势，具体分析发现，这主要是因为西部地区在一系列国家政策的支持下发展速度加快了，从而导致地区间经济差距缩小所致；从地区经济差距的主要成因上看，地区间的差距从20世纪80年代中后期开始，就已经成为中国地区经济差距的主要影响因素，而三大地区内部的经济差距却呈现出逐渐缩小的态势，这种情况尤其在东、中部地区组内各省之间表现得更为明显，而西部地区各组却呈现出"群体趋异"的趋势，这主要是由于内蒙古、四川、重庆、陕西四省份表现出了更快的发展趋势，拉大了与其他西部地区省份的经济发展差距。

（2）不论是从全国还是各个省份来看，交易效率都表现出明显改善。交易效率改善来源于资源配置效率的提高、制度进步和外部治理环境的改善，因此，我们在构建交易效率指数的时候主要是从基础设施、市场化程度、城市化、对外开放程度、政府提供的公共服务等几个方面选择了不同的指标进行考察。结果表明，自1978年以来，中国的交易效率除个别年份略有降低外始终处于上升态势；各省份的交易效率也都呈现出在波动中上升的趋势；与此同时，历年不同省份交易效率的基尼系数也表现出缩小的态势。相比之下，东部地区各省份一直都表现出相对较高的交易效率，尤其是经过这30多年的发展，东部地区各省份表现出了较快的提高趋势，从而强化了其在交易效率上与其他地区的差距；与此同时，西部地区各省份也表现出了积极的变化，交易效率提高的速度较快；相比之下，中部地区各省份交易效率的提高表现不佳，明显落后于东部和西部地区。

（3）无论是从全国的时间序列数据，还是从地区的面板数据，交易效率对经济增长都表现出显著的影响。经济转型30多年来，中国的基础设施建设让世人瞩目，城市化和工业化进入了快速发展的轨道，市场化程度也迅速提高，教育和医疗条件得到了较大改善，这些使得微观主体和宏观经济的交易效率迅速提高，进而有力地促进了经济增长。与此同时，我们也不得不注意到政府行政管理成本的上升和公共支出结构中的偏差对交易效率所产生的不良影响。基础设施、城市化水平这些交易效率的硬条件的改善是目前交易效率提高的主要原因，如果在未来我们要进一步提高交易效率，就需要更多地在交易效率的软条件上下功夫。除此之外，劳动、资本投入始终是中国经济增长的重要因素，尤其是物质资本投入始终是中国经济增长的重要推动力，中国经济增长越来越具有投资驱动型的特征。

（4）交易效率对地区经济增长的作用有明显差异。从各省份面板数据的检验来看，交易效率对经济增长具有重要的促进作用，它也构成了中国地区经济差距的重要推动力之一。相比之下，交易效率对东部地区各省份的经济增长具有更明显的推动作用，其交易效率改善的速度也更快，这种交易效率变化速度和效果的差异构成了导致三大地区之间具有不同的经济绩效的重要原因之一。除此之外，劳动投入、资本投入对经济增长的作用也表现出不同，由于地理位置、政策、经济发展程度等因素的优势，东部各省份需要也吸引了大量优质的劳动力和资本，这有力促进了地区劳动生产率的提高，迅速刺激了地方经济的发展。同时，以大学生人数来衡量的人力资本的系数较小，并且在中部和西部地区不显著；以研究发展投入计算的科技资本存量衡量的技术进步对经济增长都有显著的积极影响，但是系数很小，三大地区之间差距也不是很大。

（5）公共资源的配置效率是影响交易效率的重要因素。由于数据的限制，我们以政府所掌握的一般财政收入衡量政府所掌握的公共资源的多少，以政府提供的公共产品（其本身也是公共资源）作为产出，计算了政府的公共资源配置效率。结果发现：全国平均的效率值历年基本维持在 0.7~0.8；从地区之间来看，公共资源配置效率与经济增长的表现一样在三大地区之间呈现出明显的差距，东部地区的相对效率持续上升，中部地区相对效率始终处在原地踏步甚至近年有下降的趋势，而西部地区的相对效率平均值始终处于较低的水平，并且出现较大程度的波动，远远低于中部、东部地区。从公共资源配置效率影响因素上看，公共资源配置方式的差异是导致地区之间公共资源配置效率差异的主要原因之一。

本书尝试从交易效率的角度探讨经济增长的动力以及地区经济差距的成因，寻找缩小地区经济差距、促进区域经济协调发展的途径，然而交易效率是一个需要系统研究的主题，本书的研究有很多的不足，许多问题有待进一步深入研究。

第一，从交易效率的视角，如何逻辑自满地解释地区经济转型绩效的差异。地区经济差距应该是各种因素综合作用的结果，所以首要的问题就是在一个逻辑一致的框架内解释各种因素是如何作用于经济发展的。这一点在本书中并没有做到，这是需要进一步努力的方向。

第二，哪些因素导致了交易效率的变化和演进。市场化进程、公共资源的配置方式、财政分权与政治晋升双重激励下的地方政府行为对改进交易效率又有怎样的作用？对这些问题都需要进一步深入的理论和实证上的探索，尝试对于这些问题做出回答有助于我们更加深刻地理解中国的地区经济差距。

第三，如何逻辑一致地解释公共资源配置与交易效率、交易效率与经济增长之间的内在机制。从理论上深入分析公共资源配置对交易效率、交易效率对地区经济差距的影响。其中，重点从交易效率的视角分析基础设施建设、财政分权视角下地方政府行为对交易效率的影响都是研究较少的领域，以上的研究有助于我们更好地理解地方政府为什么偏好基础设施建设，有助于理解地方政府行为的短期收益和长期得失。

附　　录

附录 4 – 1　　　　　　　1978 ~ 2008 年各省份交易效率指数值

年份	北京	天津	河北	上海	江苏	浙江
1978	25. 7317	20. 8022	8. 1517	24. 5660	9. 7027	9. 4789
1979	26. 9074	22. 2966	8. 4305	26. 1554	10. 1228	9. 7998
1980	29. 1333	24. 1187	8. 9899	27. 7601	11. 2077	10. 8349
1981	29. 9573	24. 7654	11. 4141	28. 3358	13. 9177	11. 9117
1982	30. 4056	24. 6044	11. 7768	29. 2069	14. 1999	12. 1328
1983	93. 3399	25. 3984	11. 8902	30. 4521	14. 9829	12. 6808
1984	104. 5625	26. 2741	12. 3371	31. 8650	15. 6730	13. 5868
1985	104. 4653	28. 4191	13. 7973	35. 2265	17. 1297	15. 0663
1986	106. 5302	30. 2214	13. 8534	38. 7616	18. 7636	15. 8339
1987	94. 0412	32. 1812	14. 6962	43. 4495	21. 1380	16. 6717
1988	98. 6175	31. 8971	14. 7756	47. 4900	22. 2284	17. 4695
1989	87. 9457	33. 8538	15. 2587	49. 8602	22. 9189	18. 1653
1990	89. 4321	37. 6855	16. 0583	49. 5490	21. 4804	19. 3199
1991	89. 4773	38. 9622	17. 1425	53. 0548	23. 8063	22. 5575
1992	92. 4531	46. 2203	18. 5353	71. 3011	32. 3326	26. 1660
1993	102. 6370	56. 3201	20. 2841	87. 3588	39. 8886	33. 4252
1994	133. 6023	77. 0376	24. 8316	110. 1036	51. 7781	40. 4499
1995	130. 6880	92. 7862	27. 7611	114. 9906	52. 7954	42. 9043
1996	129. 1405	103. 9184	31. 5061	135. 4473	54. 5274	47. 3689
1997	140. 0926	116. 0238	34. 0865	147. 8978	59. 7916	51. 9441
1998	162. 0494	124. 6179	36. 9011	165. 5355	65. 0128	58. 9316
1999	186. 3801	132. 9925	39. 2408	182. 1334	70. 6901	73. 3138

年份	北京	天津	河北	上海	江苏	浙江
2000	218. 6050	149. 9904	47. 6060	188. 3213	83. 9844	97. 5952
2001	212. 4050	149. 1672	43. 4088	210. 0635	82. 6645	93. 2702
2002	220. 8151	171. 5532	50. 8640	239. 3146	96. 6600	112. 9689
2003	249. 7619	173. 5659	62. 7150	275. 8265	121. 0335	147. 3150
2004	271. 8478	209. 3118	82. 1583	334. 0185	133. 6579	180. 8362
2005	312. 0302	239. 4318	96. 1923	385. 7851	157. 0002	209. 4278
2006	358. 9032	284. 6696	112. 0566	484. 1418	194. 6514	244. 8342
2007	433. 6606	344. 9991	138. 7023	597. 2967	229. 4942	294. 4515
2008	488. 5028	382. 2440	165. 7775	669. 3545	259. 8865	326. 0163

附录 4 – 1　　　　1978～2008 年各省份交易效率指数值（续）

年份	福建	山东	广东	辽宁	海南	山西
1978	9. 1406	10. 0090	13. 8031	14. 0658	9. 1541	9. 5134
1979	9. 5734	10. 9966	13. 7536	15. 5088	9. 8640	9. 8857
1980	10. 8942	11. 8141	15. 7395	17. 2706	9. 3511	10. 2723
1981	11. 5009	12. 6350	16. 9894	18. 8513	9. 5164	10. 7353
1982	11. 8774	12. 0585	16. 9149	18. 6347	9. 2597	10. 8482
1983	12. 6089	12. 0989	17. 9763	18. 3519	9. 4467	10. 8818
1984	14. 8045	13. 8654	22. 0853	20. 0371	12. 8743	12. 3853
1985	18. 0412	15. 1530	21. 5811	21. 4206	14. 7076	13. 4866
1986	18. 0596	15. 6291	23. 5489	20. 1976	17. 0342	14. 2046
1987	18. 6462	15. 5450	22. 5697	21. 9126	15. 8939	15. 0653
1988	21. 4041	17. 0098	24. 2377	22. 5449	31. 2534	15. 5175
1989	25. 6488	18. 0146	25. 0133	22. 9998	31. 0260	15. 7282
1990	28. 5675	17. 7046	30. 4606	27. 9400	31. 5894	15. 9167
1991	38. 3103	18. 5835	33. 7601	29. 8149	43. 9479	16. 8165
1992	52. 7153	25. 0956	43. 6268	31. 7997	57. 8378	18. 3870
1993	66. 6703	29. 4765	59. 6858	38. 5819	86. 2033	19. 6882
1994	84. 0383	37. 7937	78. 5421	46. 1586	91. 9414	21. 1926

年份	福建	山东	广东	辽宁	海南	山西
1995	79. 3164	36. 3954	78. 6817	48. 2366	95. 4038	24. 1700
1996	78. 1087	36. 6890	84. 4294	51. 3952	79. 9327	26. 2686
1997	81. 5193	38. 3517	87. 3010	58. 8786	76. 9282	30. 0156
1998	86. 0079	39. 8137	93. 5446	65. 4970	74. 2095	32. 1282
1999	95. 2401	44. 7282	103. 6978	69. 5746	63. 8095	37. 2060
2000	109. 6389	54. 5456	108. 7576	89. 5330	66. 5354	42. 0788
2001	96. 4025	56. 3445	120. 4353	85. 0803	68. 6965	44. 1908
2002	113. 6734	65. 2921	131. 7296	94. 9454	76. 5255	47. 5135
2003	131. 2447	73. 5045	158. 2217	110. 3584	81. 0970	60. 9150
2004	158. 2415	89. 2514	200. 5158	124. 1735	101. 1398	76. 0596
2005	181. 7040	106. 4099	241. 8039	135. 5161	111. 7315	95. 5249
2006	208. 6128	132. 4897	281. 8081	165. 0895	133. 7774	109. 4348
2007	241. 8165	155. 0638	326. 4381	196. 8942	168. 2169	139. 3428
2008	262. 8720	174. 2173	366. 5424	219. 1854	200. 8246	166. 8423

附录 4 - 1　　　　1978 ~ 2008 年各省份交易效率指数值（续）

年份	吉林	黑龙江	安徽	江西	河南	湖北
1978	10. 6418	10. 0260	6. 1415	6. 6639	7. 0497	9. 6585
1979	10. 6937	9. 8018	6. 1857	6. 7241	7. 0122	9. 2575
1980	11. 5705	10. 2686	6. 5790	8. 4637	7. 6164	9. 8910
1981	12. 3491	11. 3713	6. 9113	9. 3430	8. 9281	10. 8260
1982	12. 9218	11. 4610	8. 5649	9. 5146	8. 9665	11. 9589
1983	13. 2830	11. 5790	8. 9706	9. 8173	9. 2001	12. 4175
1984	14. 3620	13. 5195	9. 6903	9. 9935	9. 7675	12. 8974
1985	15. 0705	12. 9956	9. 9631	10. 5505	10. 3791	13. 5274
1986	16. 7858	14. 3260	10. 5298	11. 1116	10. 5334	14. 3404
1987	16. 4950	14. 6679	11. 1821	11. 6701	10. 9634	15. 3272
1988	16. 7034	16. 1044	11. 4815	12. 2265	11. 7416	16. 6250
1989	16. 9043	17. 2360	11. 3017	12. 2251	11. 6535	16. 1963

年份	吉林	黑龙江	安徽	江西	河南	湖北
1990	19. 4515	17. 8548	12. 2825	12. 4214	12. 3912	16. 9002
1991	23. 5569	17. 9431	12. 7487	13. 3340	13. 4871	17. 0828
1992	24. 7860	19. 5386	14. 3609	15. 7867	14. 2530	20. 6302
1993	28. 6862	22. 8767	17. 8066	18. 3806	16. 2956	23. 0785
1994	43. 4431	27. 2120	23. 0988	21. 9858	19. 1257	30. 6053
1995	39. 7924	30. 8889	23. 7841	22. 5666	20. 1803	31. 9466
1996	39. 9550	32. 2580	24. 7972	21. 9296	21. 2352	33. 9524
1997	38. 8802	37. 4874	26. 1238	25. 4779	23. 8326	36. 4119
1998	35. 3877	40. 7965	24. 7025	26. 2325	26. 9846	40. 8377
1999	40. 0251	47. 1558	28. 4384	28. 3376	29. 4953	35. 8816
2000	47. 1683	60. 5318	33. 4335	32. 5908	28. 8363	37. 6027
2001	42. 9258	55. 3368	34. 2934	35. 5760	32. 3857	40. 7421
2002	46. 8535	65. 5984	37. 6094	47. 5098	37. 0043	43. 9403
2003	56. 9039	76. 0828	43. 1278	55. 8147	45. 2411	48. 9488
2004	67. 2462	88. 0995	49. 7306	68. 4737	57. 8280	52. 2994
2005	83. 3037	100. 7540	58. 3504	79. 3123	69. 1389	79. 3904
2006	95. 7335	114. 9723	72. 1555	93. 1008	87. 3542	92. 2754
2007	111. 7380	139. 9961	86. 8728	110. 5583	107. 7144	109. 1662
2008	120. 3459	160. 0325	98. 9841	127. 0612	124. 4460	127. 7813

附录 4 - 1   1978 ~ 2008 年各省份交易效率指数值（续）

年份	湖南	内蒙古	广西	四川	贵州	云南
1978	7. 6840	7. 8637	6. 5032	7. 7821	4. 2387	5. 4657
1979	7. 7869	8. 4511	6. 3931	8. 0065	5. 0284	5. 5343
1980	8. 3355	8. 2360	6. 7731	8. 8834	5. 4874	6. 0480
1981	8. 9782	8. 5640	6. 9581	9. 0673	5. 8428	6. 6229
1982	9. 0284	8. 6989	7. 8756	8. 6805	6. 1617	6. 6483
1983	9. 8509	9. 3366	8. 3751	8. 9940	6. 3656	6. 7856
1984	10. 0655	10. 6169	10. 7720	10. 2126	7. 3937	8. 0736

续表

年份	湖南	内蒙古	广西	四川	贵州	云南
1985	10.7249	11.1841	11.6807	10.8483	8.2892	9.0692
1986	11.1150	11.8926	13.0450	11.7730	9.3999	9.9817
1987	11.2830	12.9748	13.6963	12.5637	9.5653	10.3391
1988	11.4586	13.5085	13.0234	12.7260	10.0873	11.4344
1989	11.3227	14.4568	13.3716	12.2585	10.8835	11.9232
1990	12.3974	13.9224	13.6968	13.6668	12.1449	11.6514
1991	12.9820	15.5513	14.7885	14.5846	10.9888	11.8996
1992	15.7060	17.3334	18.7791	16.3290	13.8073	12.8476
1993	18.9938	20.7732	30.6001	20.3912	14.2550	14.7015
1994	20.4190	26.1730	33.8895	23.7601	17.6477	19.8351
1995	22.4236	33.5079	31.1514	21.9948	18.8082	21.5033
1996	24.6749	27.2397	31.5325	21.6740	19.5611	21.4422
1997	27.5007	29.6841	35.9597	21.1313	21.4685	23.5593
1998	27.8356	31.1681	37.1274	23.8576	22.9836	26.3103
1999	28.7794	35.2703	35.7437	26.8619	24.1427	29.9359
2000	35.1579	43.3297	39.9742	32.4488	23.4766	35.7562
2001	35.3719	43.6509	39.7580	36.5900	23.5585	35.5887
2002	43.3376	56.0920	44.1337	40.4254	28.5261	41.0410
2003	51.9818	63.1476	46.0574	44.5213	36.2165	48.6152
2004	54.3427	106.7344	62.9810	51.3232	42.3794	58.4252
2005	69.8536	98.7082	76.4029	67.4430	53.8542	71.2238
2006	86.4625	120.2510	87.8111	81.7386	66.3402	84.3338
2007	104.2792	157.7205	104.7908	99.9881	81.9805	109.3304
2008	120.8890	190.4867	126.3077	121.5247	99.3360	134.7536

附录 4 – 1   1978 ~ 2008 年各省份交易效率指数值（续）

年份	陕西	甘肃	宁夏	新疆	青海	重庆	西藏
1978	7.7440	5.3164	10.0341	8.6105	9.5761	7.0919	7.8963
1979	7.6182	5.4429	9.1255	9.1796	9.7468	7.0250	8.0983

年份	陕西	甘肃	宁夏	新疆	青海	重庆	西藏
1980	7.8992	5.5530	9.2053	10.0734	9.4242	7.5078	6.5555
1981	8.5961	6.6168	10.1863	10.9395	11.0057	7.5564	7.4520
1982	8.7619	6.8342	10.1205	11.1328	11.6471	7.7596	7.4313
1983	8.7753	6.7307	9.7295	12.2967	11.6306	8.2542	7.6043
1984	9.7657	7.6198	11.0630	14.0855	12.1869	8.5933	8.2227
1985	10.7175	8.5609	12.1587	14.7589	13.4799	9.4461	9.7547
1986	11.3347	9.0701	12.8354	16.3400	14.2351	9.8674	10.4370
1987	12.7778	9.5122	18.7904	16.6514	14.6243	10.7929	11.7309
1988	17.1553	10.7144	14.7079	17.1324	14.0645	11.0275	10.9980
1989	14.6405	10.6829	15.4208	17.4624	14.4388	11.1634	12.1004
1990	13.9981	11.5788	15.5141	18.0024	14.6122	11.9911	11.8936
1991	14.9344	12.7073	16.8216	18.4301	15.8582	12.3941	12.2431
1992	16.0101	14.4430	16.8468	19.6902	16.5584	15.9267	13.0483
1993	20.6581	15.6520	19.2857	21.8164	16.5337	19.8805	14.1339
1994	24.0132	19.1278	28.3961	23.8978	18.1364	28.0395	23.2275
1995	25.2335	18.9883	27.3964	27.0060	18.5286	24.1692	13.5490
1996	25.8603	19.6879	25.7091	27.7658	20.4413	22.7659	15.2701
1997	31.3181	19.9274	27.2724	28.4489	21.0034	27.7322	16.6617
1998	28.5984	21.6385	31.0441	31.3406	21.8724	30.2333	17.3747
1999	30.7680	23.9638	33.6570	36.1348	24.7948	33.1867	20.9887
2000	39.1305	28.9543	45.4118	42.6761	24.8882	44.1795	24.3244
2001	42.1005	30.9763	45.0722	49.7307	31.2326	40.0401	33.3978
2002	51.5807	35.1765	51.5336	63.8164	53.9280	45.1078	36.0004
2003	62.2565	41.0054	65.5406	74.0212	60.1931	57.0085	44.2925
2004	77.3936	51.1344	82.6951	90.3765	79.4630	72.0938	58.3321
2005	96.6787	61.5790	95.0183	98.1214	74.8653	88.2383	65.1688
2006	119.9588	72.3298	113.1359	120.5212	85.6523	109.2493	80.8057
2007	143.9087	90.7864	137.6350	150.4386	105.5045	138.0669	107.5115
2008	166.4917	109.6082	156.3866	180.5271	128.2632	160.0420	139.0358

附录 7 - 1   1978 ~ 2008 年中国各省份公共资源配置效率

年份	北京	天津	河北	上海	江苏	浙江
1978	1	0.883	0.727	0.845	0.711	0.656
1979	1	0.829	0.710	0.820	0.686	0.636
1980	1	0.797	0.739	0.827	0.708	0.643
1981	1	0.786	0.867	0.810	0.866	0.689
1982	1	0.766	0.873	0.827	0.967	0.704
1983	1	0.766	0.896	0.886	0.837	0.700
1984	1	0.875	0.882	0.875	0.846	0.684
1985	1	0.746	0.964	0.786	0.858	0.684
1986	1	0.772	0.991	0.793	0.880	0.677
1987	1	0.925	0.987	0.860	0.863	0.675
1988	1	0.893	0.916	0.799	0.817	0.624
1989	1	0.905	0.944	0.804	0.851	0.627
1990	1	0.966	0.897	0.830	0.831	0.625
1991	1	0.847	0.954	0.789	0.764	0.640
1992	1	0.903	0.976	0.779	0.838	0.651
1993	1	0.919	0.823	0.775	0.754	0.610
1994	1	0.826	0.879	0.750	0.754	0.612
1995	1	0.917	0.928	0.790	0.744	0.665
1996	1	0.900	0.915	0.783	0.742	0.701
1997	1	0.974	0.883	0.769	0.722	0.711
1998	1	0.994	0.921	0.781	0.726	0.740
1999	1	1	0.924	0.788	0.750	0.784
2000	1	1	0.979	0.813	0.762	0.828
2001	1	1	0.973	0.849	0.790	0.761
2002	1	1	1	0.891	0.789	0.756
2003	1	1	1	0.907	0.793	0.805
2004	1	1	1	0.948	0.800	0.844
2005	1	1	1	0.981	0.825	0.862
2006	1	1	1	1	0.860	0.911
2007	1	1	1	1	0.850	0.937
2008	1	1	0.997	1	0.828	0.923

附录 7 - 1　　　　　1978～2008 年中国各省份公共资源配置效率（续）

年份	福建	山东	广东	辽宁	海南	山西
1978	0.651	0.768	0.688	0.942	1	0.808
1979	0.631	0.763	0.661	0.868	1	0.812
1980	0.617	0.787	0.684	0.760	1	0.779
1981	0.680	0.952	0.682	0.889	1	0.866
1982	0.672	0.960	0.677	0.858	1	0.830
1983	0.706	0.924	0.687	0.895	0.939	0.821
1984	0.744	0.941	0.691	0.998	0.856	0.859
1985	0.665	0.961	0.655	0.922	0.830	0.898
1986	0.717	1	0.638	0.921	0.916	0.994
1987	0.686	0.939	0.615	0.917	0.905	1
1988	0.617	0.873	0.541	0.873	0.786	1
1989	0.610	0.864	0.537	0.857	0.673	1
1990	0.599	0.856	0.545	0.879	0.617	1
1991	0.584	0.884	0.512	0.771	0.600	1
1992	0.588	0.899	0.480	0.822	0.506	1
1993	0.529	0.818	0.401	0.779	0.399	1
1994	0.529	0.856	0.405	0.753	0.462	1
1995	0.575	0.854	0.476	0.826	0.580	1
1996	0.623	0.820	0.506	0.843	0.637	1
1997	0.663	0.782	0.538	0.894	0.678	1
1998	0.702	0.783	0.540	0.897	0.688	1
1999	0.736	0.816	0.528	0.877	0.691	1
2000	0.795	0.887	0.572	0.923	0.720	1
2001	0.777	0.908	0.615	0.902	0.718	1
2002	0.848	0.937	0.641	0.885	0.732	1
2003	0.882	0.911	0.721	0.907	0.692	1
2004	0.941	0.941	0.837	0.896	0.729	0.981
2005	1	0.975	0.936	0.846	0.715	0.981
2006	0.982	1	1	0.850	0.703	0.851
2007	0.986	1	1	0.821	0.647	0.881
2008	0.950	1	1	0.807	0.653	0.862

附录 7 - 1　　　　　1978 ~ 2008 年中国各省份公共资源配置效率（续）

年份	吉林	黑龙江	安徽	江西	河南	湖北
1978	0.757	0.790	0.732	0.691	0.792	0.826
1979	0.722	0.797	0.697	0.652	0.781	0.827
1980	0.676	0.760	0.889	0.677	0.887	0.816
1981	0.731	0.760	0.961	0.809	1	0.919
1982	0.754	0.777	1	0.830	0.969	0.948
1983	0.768	0.806	0.849	0.830	1	0.947
1984	0.822	0.861	0.899	0.817	1	1
1985	0.725	0.852	0.839	0.849	1	0.974
1986	0.668	0.821	0.857	0.906	0.984	0.978
1987	0.672	0.802	0.854	0.881	1	0.942
1988	0.640	0.769	0.943	0.874	1	0.910
1989	0.665	0.782	1	0.883	1	0.914
1990	0.685	0.790	0.859	0.888	1	0.916
1991	0.660	0.728	0.782	0.855	1	0.889
1992	0.684	0.799	1	0.841	1	0.966
1993	0.619	0.736	1	0.793	0.882	0.947
1994	0.699	0.765	1	0.838	0.932	0.949
1995	0.772	0.805	0.992	0.879	1	1
1996	0.766	0.801	0.897	0.872	1	0.996
1997	0.755	0.808	0.845	0.841	1	0.961
1998	0.753	0.801	0.817	0.815	1	0.863
1999	0.731	0.767	0.804	0.804	1	0.825
2000	0.741	0.787	0.864	0.910	1	0.894
2001	0.716	0.754	0.840	0.845	1	0.857
2002	0.698	0.770	0.842	0.826	1	0.884
2003	0.737	0.814	0.840	0.823	1	0.930
2004	0.707	0.793	0.838	0.850	1	0.913
2005	0.680	0.805	1	0.863	1	1
2006	0.687	0.742	1	0.850	1	0.911
2007	0.656	0.730	1	0.823	1	0.905
2008	0.599	0.681	0.749	0.759	1	0.863

附录 7 – 1　　　1978～2008 年中国各省份公共资源配置效率（续）

年份	湖南	内蒙古	广西	四川	贵州	云南
1978	0.658	0.682	0.565	0.635	0.521	0.575
1979	0.642	0.642	0.561	0.607	0.500	0.527
1980	0.657	0.610	0.583	0.567	0.525	0.563
1981	0.756	0.649	0.652	0.592	0.545	0.640
1982	0.804	0.587	0.665	0.641	0.537	0.610
1983	0.810	0.584	0.688	0.682	0.560	0.564
1984	0.828	0.581	0.698	0.780	0.543	0.570
1985	0.826	0.626	0.715	0.907	0.597	0.600
1986	0.812	0.656	0.683	0.883	0.633	0.610
1987	0.786	0.656	0.654	0.870	0.620	0.563
1988	0.772	0.638	0.607	0.879	0.614	0.523
1989	0.785	0.677	0.647	0.914	0.581	0.497
1990	0.758	0.668	0.621	0.842	0.592	0.497
1991	0.766	0.650	0.627	0.893	0.600	0.452
1992	0.782	0.655	0.628	0.909	0.584	0.441
1993	0.665	0.607	0.552	0.794	0.579	0.323
1994	0.692	0.677	0.571	0.838	0.635	0.373
1995	0.755	0.770	0.633	0.888	0.702	0.432
1996	0.733	0.752	0.694	0.914	0.751	0.441
1997	0.801	0.752	0.731	0.782	0.747	0.464
1998	0.729	0.709	0.713	0.738	0.703	0.499
1999	0.744	0.702	0.736	0.851	0.633	0.513
2000	0.809	0.688	0.767	0.813	0.644	0.576
2001	0.754	0.676	0.688	0.754	0.581	0.583
2002	0.743	0.660	0.659	0.736	0.608	0.600
2003	0.758	0.690	0.682	0.773	0.652	0.612
2004	0.709	0.781	0.756	0.748	0.624	0.630
2005	0.752	0.739	0.783	0.803	0.592	0.670
2006	0.761	0.743	0.757	0.725	0.638	0.638
2007	0.780	0.724	0.724	0.701	0.631	0.647
2008	0.742	0.716	0.696	0.576	0.596	0.631

附录 7 - 1　　　1978～2008 年中国各省份公共资源配置效率（续）

年份	陕西	甘肃	宁夏	新疆	青海	重庆
1978	0.765	0.628	0.625	0.570	0.429	1
1979	0.740	0.621	0.503	0.558	0.418	1
1980	0.732	0.639	0.439	0.519	0.378	1
1981	0.829	0.711	0.518	0.577	0.397	1
1982	0.876	0.683	0.462	0.649	0.420	1
1983	0.896	0.649	0.449	0.646	0.414	1
1984	0.925	0.625	0.482	0.672	0.438	1
1985	0.979	0.683	0.523	0.656	0.485	1
1986	1	0.706	0.557	0.679	0.527	1
1987	0.961	0.681	0.601	0.736	0.571	1
1988	0.892	0.638	0.563	0.703	0.523	1
1989	0.913	0.662	0.607	0.743	0.539	1
1990	0.916	0.652	0.600	0.720	0.541	0.710
1991	0.941	0.651	0.590	0.727	0.521	1
1992	0.923	0.663	0.635	0.703	0.540	1
1993	0.905	0.656	0.611	0.699	0.501	0.719
1994	0.956	0.683	0.702	0.748	0.525	0.746
1995	0.989	0.729	0.741	0.746	0.602	1
1996	1	0.768	0.709	0.773	0.621	1
1997	0.917	0.707	0.695	0.819	0.645	0.783
1998	0.892	0.696	0.648	0.808	0.629	0.692
1999	0.831	0.689	0.649	0.808	0.602	0.685
2000	0.803	0.661	0.663	0.816	0.553	0.675
2001	0.811	0.659	0.578	0.779	0.481	0.636
2002	0.838	0.659	0.565	0.689	0.492	0.583
2003	0.936	0.689	0.729	0.774	0.548	0.609
2004	0.917	0.687	0.713	0.801	0.576	0.633
2005	0.943	0.700	0.674	0.765	0.533	0.754
2006	0.890	0.646	0.669	0.716	0.486	0.724
2007	0.861	0.646	0.656	0.732	0.460	0.729
2008	0.792	0.584	0.636	0.698	0.496	0.679

参 考 文 献

[1] 林毅夫，蔡昉，李周. 中国的奇迹：发展战略和经济改革（增订版）[M]. 上海：上海人民出版社，上海三联书店，1994.

[2] 宋学明. 中国区域经济发展及其收敛性 [J]. 经济研究，1996，9：38－44.

[3] 林毅夫，蔡昉，李周. 中国经济转型的地区差距分析 [J]. 经济研究，1998，6：3－10.

[4] 蔡昉，都阳. 中国地区经济增长的趋同与差异——对西部开发战略的启示 [J]. 经济研究，2000，10：30－37，80.

[5] 沈坤荣，马俊. 中国经济增长的"俱乐部收敛"特征及其成因研究 [J]. 经济研究，2002，1：33－39，94－95.

[6] 魏后凯. 外商直接投资对中国区域经济增长的影响 [J]. 经济研究，2002，4：19－26，92－93.

[7] 林毅夫，刘培林. 中国的经济发展战略与地区收入差距 [J]. 经济研究，2003，3：19－25，89.

[8] 王小鲁，樊纲. 中国地区差距的变动趋势和影响因素 [J]. 经济研究，2004，1：33－44.

[9] 万广华，陆铭，陈钊. 全球化与地区间收入差距：来自中国的证据 [J]. 中国社会科学，2005，3：17－26.

[10] 许召元，李善同. 近年来中国地区差距的变化趋势 [J]. 经济研究，2006，7：106－116.

[11] 付文林，沈坤荣. 中国公共支出的规模与结构及其增长效应 [J]. 经济科学，2006，1：20－29.

[12] 郭庆旺，贾俊雪. 中国区域经济趋同与差异的因素贡献分析 [J]. 财贸经济，2006，2：11－17，89.

［13］张军，高远，傅勇，张弘．中国为什么拥有了良好的基础设施？［J］．经济研究，2007，3：4－19．

［14］Zhang, Tao and Heng-fu Zou. Fiscal Decentralization, Public Spending and Economic Growth in China［J］. Journal of Public Economics, 1998, 67: 221－240.

［15］Lin, Justin Yifu and Zhiqiang, Liu. Fiscal Decentralization and Economic Growth in China［J］. Economic Development and Cultural Change, 2000, 49: 1－22.

［16］陈抗，Arye L. Hillman，顾清扬．财政集权与地方政府行为变化——从援助之手到攫取之手［J］．经济学（季刊），2002，2（1）：111－130．

［17］张晏，龚六堂．分税制改革、财政分权与中国经济增长［J］．经济学（季刊），2005，5（1）：75－108．

［18］傅勇．中国式分权、地方财政模式与公共物品供给：理论与实证研究［D］．上海：复旦大学，2007．

［19］Qiao Baoyun, Martinez – Vazquez, J. and Xu Yongsheng. The Tradeoff between Growth and Equity in Decentralization Policy: China's Experience［J］. Journal of Development Economics, 2008, 86（1）: 112－128.

［20］丁菊红，邓可斌．转型中的财政分权、地区增长差异与公共品供给［J］．南方经济，2009，3：32－50．

［21］范子英，张军．财政分权与中国经济增长的效率——基于非期望产出模型的分析［J］．管理世界，2009，7：15－36．

［22］林毅夫．发展战略、自生能力和经济收敛［J］．经济学（季刊），2002，1（2）：269－300．

［23］林毅夫．自生能力，经济转型和新古典经济学反思［R］．北京大学中国经济研究中心讨论稿，2002．

［24］林毅夫，刘培林．经济发展战略对劳均资本积累和技术进步的影响——基于中国经验的实证研究［R］．北京大学中国经济研究中心讨论稿，2003．

［25］林毅夫，董先安，殷韦．技术选择、技术扩散与经济收敛［J］．财经问题研究，2004，6：3－10．

［26］张吉鹏，吴桂英．中国地区差距：度量与成因［J］．世界经济文汇，2004，4：60－81．

［27］刘夏明，魏英琪，李国平．收敛还是发散——中国区域经济发展争

论的文献综述 [J]. 经济研究, 2004 (7): 70 – 81.

[28] 谭小芬, 李翀. 中国地区经济差距成因问题的研究综述 [J]. 经济学动态, 2004, 2.

[29] 石磊、高帆. 地区经济差距: 一个基于经济结构转变的实证研究 [J]. 管理世界, 2006, 5: 35 – 44.

[30] 管卫华, 林振山, 顾朝林. 中国区域经济发展差异及其原因的多尺度分析 [J]. 经济研究, 2006, 7: 117 – 125.

[31] Kanbur, Ravi and Zhang Xiaobo. Fifty Years of Regional Inequality in China: A Journey Through Central Planning, Reform and Openness [R]. Paper prepared for the UNU/ WIDER Project Conference on Spatial Inequality in Asia, 2003.

[32] Démurger, Sylvie. Infrastructure Development and Economic Growth: An Explanation for Regional Disparities In China ? [J]. Journal of Comparative Economics, 2001, 29: 95 – 117.

[33] 陈秀山, 徐瑛. 中国区域差距影响因素的实证研究 [J]. 中国社会科学, 2004, 5: 117 – 129, 207.

[34] 黄涛, 胡宜国, 胡宜朝. 地区人均 GDP 分布的基尼系数分析 [J], 管理世界, 2006, 5: 45 – 51.

[35] Quah, D. Twin Peaks: Growth and Convergence in Models of Distribution Dynamics [J]. Economic Journal, 1996, 106: 1045 – 1055.

[36] Barro, R. Economic Growth in a Cross Section of Countries [J]. Quarterly Journal of Economics, 1991, Vol106, No2: 407 – 444.

[37] Barro, Robert J., and Sala – I – Martin, X. Convergence [J]. Journal of Political Economy, 1992, 100 (2): 223 – 251.

[38] 巴罗, 罗伯特和哈维尔·萨拉伊马丁, 何晖, 刘明兴译. 经济增长 [M]. 北京: 中国社会科学出版社, 2000.

[39] 董先安. 浅释中国地区收入差距: 1952 – 2002 [J]. 经济研究, 2004, 9: 48 – 59.

[40] 彭国华. 中国地区收入差距、全要素生产率及其收敛分析 [J]. 经济研究, 2005, 9: 19 – 29.

[41] 彭国华. 我国地区经济的长期收敛性——一个新方法的应用 [J]. 管理世界, 2006, 9: 53 – 58.

[42] 赵伟, 马瑞永. 中国经济增长收敛性的再认识 [J]. 管理世界,

2005，11：12 – 21.

[43] 徐现祥，李郇. 中国省区经济差距的内生制度根源 [J]. 经济学（季刊），2005，4（增刊）：83 – 100.

[44] 滕建州，梁琪. 中国区域经济增长收敛吗？——基于时序列的随机收敛和收敛研究 [J]. 管理世界，2006，12：32 – 41.

[45] 彭国华. 中国地区经济增长及差距的来源 [J]. 世界经济，2005，5：42 – 50.

[46] 朱发仓，苏为华. 区域经济收敛与比较优势发展战略——基于行业的动态 Panel 模型分析 [J]. 管理世界，2006，9：46 – 52，70.

[47] 张茹. 中国经济增长地区差异的动态演进：1978 – 2005 [J]. 世界经济文汇，2008，2：69 – 83.

[48] Carter, M. and C. Barrett, The Economics of poverty traps and persistent poverty: an assetbased approach [J]. Journal of development studies, 2006, 42 (2)：178 – 199.

[49] 转引自彭方平，王少平，吴强. 我国经济增长的多重均衡现象——基于动态门槛面板数据模型的研究 [J]. 经济学（季刊），2007，6 (4)：1042.

[50] 彭方平，王少平，吴强. 我国经济增长的多重均衡现象——基于动态门槛面板数据模型的研究 [J]. 经济学（季刊），2007，6 (4)：1041 – 1052.

[51] 沈坤荣，唐文健. 大规模劳动力转移条件下的经济收敛性分析 [J]. 中国社会科学，2006，5：46 – 57，206.

[52] 刘强. 中国经济增长的收敛分析 [J]. 经济研究，2001，6：70 – 77.

[53] 吴玉鸣，徐建华. 中国区域经济增长集聚的空间统计分析 [J]. 地理科学，2004，6：654 – 659.

[54] 林光平，龙志和，吴梅. 我国地区经济收敛的空间计量实证分析：1978 – 2002 年 [J]. 经济学（季刊），2005，10 (s1)：67 – 82.

[55] 吴玉鸣. 中国省域经济增长趋同的空间计量经济分析 [J]. 数量经济技术经济研究，2006，12：101 – 108.

[56] 张晓旭，冯宗宪. 中国人均 GDP 的空间相关与地区收敛：1978 – 2003 [J]. 2008，7 (2)：399 – 414.

[57] 蔡昉，王德文，都阳. 劳动力市场扭曲对区域差距的影响 [J]. 中国社会科学，2001，2：4 – 14，204.

［58］胡鞍钢，熊义志. 我国知识发展的地区差距分析：特点、成因及对策 ［J］. 管理世界，2000，3：5 –17.

［59］姚枝仲，周素芳. 劳动力流动与地区差距 ［J］. 世界经济，2003，4：35 –44.

［60］李静，孟令杰，吴福象. 中国地区发展差异的再检验：要素积累抑或 TFP ［J］. 世界经济，2006，1：12 –22.

［61］Hausmann, Ricardo, Dani Rodrik, and Andres Velasco. Growth Diagnostics ［R］. Revised, March 2005, Working Paper, Harvard University.

［62］Mitsuo Ezaki, Lin SUN Growth Accounting of China for National, Regional, and Provincial Economies：1981 – 1995 ［J］. Asian Economic Journal, 1999, Vol. 13 （1）：39 –71.

［63］Young, A. Gold into Base Metals：Productivity Growth in the Peoples Republic of China during the Reform Period ［J］. NBER Working Paper W7856, National Bureau of Economic Research, Cambridge, 2000.

［64］Hall, R. and C. Jones. Why Do Some Countries Produce So Much More Output Per Worker Than Others ［J］. Quarterly Journal of Economics, 1999, 114：83 –116.

［65］颜鹏飞，王兵. 技术效率、技术进步与生产率增长：基于 DEA 的实证分析 ［J］. 经济研究，2004，12：55 –65.

［66］张军，金煜. 中国的金融深化和生产率关系的再检测：1987 – 2001 ［J］. 经济研究，2005，11：34 –45.

［67］傅晓霞，吴利学. 技术效率、资本深化与地区差异——基于随机前沿模型的中国地区收敛分析 ［J］. 经济研究，2006，10：52 –61.

［68］傅晓霞，吴利学. 全要素生产率在中国地区差异中的贡献：兼与彭国华和李静等商榷 ［J］. 世界经济，2006，9：12 –22.

［69］郝睿. 经济效率与地区平等：中国省际经济增长与差距的实证分析 （1978 –2003）［J］. 世界经济文汇，2006，2：11 –29.

［70］李光泗，徐翔. 技术引进与地区经济收敛 ［J］. 经济学 （季刊），2008，7 （3）：983 –996.

［71］Acemoglu, D., Fabrizio, Z. Productivity Differences ［J］. Quarterly Journal of Economics, 2001, 116：563 –606.

［72］McGrattan, E. R., Schmitz, J. A. Explaining Cross-country Income

Differences [J]. Handbook of Macroeconomics Volume 1A, 1999: 669 – 737.

[73] 汪锋, 张宗益, 俞冬梅. 中国地区间经济差异的全要素生产率比较 [J]. 统计与决策, 2006, 6: 74 – 76.

[74] Démurger, Sylvie, Sachs, Jeffrey, Woo, Wing Thye, Bao, Shuming and Change, Gene. The Relative Contributions of Location and Preferential Policies In China's Regional Development: Being in the Right Place and Having the Right Incentives [J]. China Economic Review, 2002, 13: 444 – 465.

[75] Chen, Jian and Fleisher, Belton. Regional Income Inequality and Economic Growth in China [J]. Journal of Comparative Economics, 1996, 22: 141 – 164.

[76] 黄玖立, 李坤望. 出口开放、地区市场规模和经济增长 [J]. 经济研究, 2006, 6: 27 – 38.

[77] 周黎安. 晋升博弈中政府官员的激励与合作——兼论我国地方保护主义和重复建设问题长期存在的原因 [J]. 经济研究, 2004, 6: 33 – 40.

[78] 徐现祥, 王贤彬, 舒元. 地方官员与经济增长——来自中国省长、省委书记交流的证据 [J]. 经济研究, 2007, 9: 18 – 31.

[79] 张军, 高远. 官员任期、异地交流与经济增长——来自省级经验的证据 [J]. 经济研究, 2007, 11: 91 – 103.

[80] Qian, Yingyi and Gerald Roland. Federalism and the Soft Budget Constraint [J]. American Economic Review, 1998, 77: 265 – 284.

[81] Qian, Yingyi, and Barry R. Weingast. Federalism As a Commitment to Preserving Market Incentives [J]. Journal of Economic Perspectives, 1997, 11: 83 – 92.

[82] Ma, Jun. Intergovernmental Relations and Economic Management in China [M]. England: Macmillan Press, 1997.

[83] 张维迎, 粟树和. 地区间竞争与中国国有企业的民营化 [J]. 经济研究, 1998, 12: 13 – 22.

[84] 杨瑞龙. 我国制度变迁方式转换的三阶段论——兼论地方政府的制度创新行为 [J]. 经济研究, 1998, 1: 3 – 10.

[85] 杨瑞龙, 杨其静. 阶梯式的渐进制度变迁模型——再论地方政府在我国制度变迁中的作用 [J]. 经济研究, 2000, 3: 24 – 32.

[86] 朱恒鹏. 地区间竞争、财政自给率和公有制企业民营化 [J]. 经济

研究，2004，10：24 – 34.

［87］乔宝云. 增长与均等的取舍——中国财政分权政策研究 ［M］. 北京：人民出版社，2002.

［88］杨灿明. 地方政府行为与区域市场结构 ［J］. 经济研究，2000，11：58 – 64.

［89］银温泉，才婉茹. 我国地方市场分割的成因和治理 ［J］. 经济研究，2001，6：3 – 121，95.

［90］张晏，龚六堂. 地区差距、要素流动与财政分权 ［J］. 经济研究，2004，7：59 – 69.

［91］乔宝云，范剑勇，冯兴元. 中国的财政分权与小学义务教育 ［J］. 中国社会科学，2005，6：37 – 46.

［92］傅勇，张晏. 中国式分权与财政支出结构偏向：为增长而竞争的代价 ［J］. 管理世界，2007，3：4 – 22.

［93］范剑勇，朱国林. 中国地区差距的演变及其结构分解 ［J］. 管理世界，2002，7：37 – 44.

［94］范剑勇. 要素聚集与地区差距：来自中国的证据 ［R］. 中国制度经济学年会，2003.

［95］范剑勇. 市场一体化、地区专业化与产业集聚趋势——兼谈对地区差距的影响 ［J］. 中国社会科学，2004，6：39 – 51，204 – 205.

［96］范剑勇. 产业集聚与地区间劳动生产率差异 ［J］. 经济研究，2006，11：72 – 81.

［97］Wei Y. , Liu X. , Song S. and Romilly P. Endogenous Innovation Growth Theory and Regional Income Convergence in China ［J］. J. of Int. Develop. , 2001, 13 (2): 153 – 168.

［98］沈坤荣，耿强. 外国直接投资、技术外溢与内生经济增长——中国数据的计量检验与实证分析 ［J］. 中国社会科学，2001，5：82 – 93.

［99］龚六堂，谢丹阳. 我国省份之间的要素流动和边际生产率的差异分析 ［J］. 经济研究，2004，1：45 – 53.

［100］杨开忠. 中国区域经济差异变动研究 ［J］. 经济研究，1994，12：28 – 33.

［101］陈国阶. 我国东中西部发展差异原因分析 ［J］. 地理科学，1997，17 (1)：1 – 7.

［102］覃成林. 中国区域经济差异研究［M］. 北京：中国经济出版社，1997.

［103］陆大道，刘毅，樊杰. 我国区域政策实施效果与区域发展的基本态势［J］. 地理学报，1999，54（6）：496－508.

［104］Wei Yehua. Regional inequality of industrial output in China, 1952 to 1990［J］. Geografiska Annaler, 1998, 80（1）: 1－15.

［105］魏后凯，刘楷，周民良，等. 中国地区发展：经济增长、制度变迁与地区差异［M］. 北京：经济管理出版社，1997：39－40.

［106］Max L, Wang Enru. Forging ahead and falling behind: changing regional inequalities in post-reform China［J］. Growth and Change, 2002, 33（1）: 42－71.

［107］Fan C C. Of belts and ladders: state policy and uneven regional development in post Mao China［J］. Annals of Association of American Geographers, 1995, 85（3）: 421－449.

［108］李小建，乔家君. 20 世纪 90 年代中国县际经济差异的空间分析［J］. 地理学报，2001，56（2）：136－145.

［109］王铮，葛昭攀. 中国区域经济发展的多重均衡与转变前兆［J］. 中国社会科学，2002，4：31－39.

［110］鲁风，徐建华. 基于二阶段嵌套锡尔系数分解方法的中国区域经济差异研究［J］. 地理科学，2005，25（4）：401－407.

［111］A. F. Shorrocks. The Class of Additively Decomposable Inequality Measures［J］. Econometrica, 1980, Vol. 48: 613－626.

［112］崔启源. 测算中国省际地区差距问题［A］. 刘树成，李强，薛天栋. 中国地区经济发展研究［C］. 北京：中国统计出版社，1994.

［113］亚当·斯密著，郭大力，王亚南译. 国富论［M］. 上海：上海三联出版社，2009.

［114］Young, Allyn. Increasing Returns and Economic Progress［J］. Economic Journal, 1928, 38: 527－542.

［115］Schultz, T W. Origins of Increasing Returns［M］. Blackwell Publishers, 1993.

［116］杨小凯. 经济学：新兴古典与新古典框架［M］. 北京：社会科学文献出版社，2003.

[117] 转引自杨小凯. 发展经济学——超边际与边际分析 [M]. 北京: 社会科学文献出版社, 2003: 471 – 472.

[118] 马克思. 资本论 (第 2 卷) [M]. 1975 年版, 第 277 页内容整理.

[119] 马克思. 资本论 (第 3 卷) [M]. 1975 年版, 第 733 页内容整理.

[120] 约翰. 冯. 杜能. 孤立国同农业和国民经济的关系 [M]. 北京: 商务印书馆, 1986.

[121] 转引自杨小凯. 发展经济学——超边际与边际分析 [M]. 北京: 社会科学文献出版社, 2003: 9.

[122] Cheung, Steven. The Structure of a Contract and the Theory of a Non-exclusive Resource [J]. Journal of Law and Economics, 1970, 13: 49 – 70.

[123] Cheung, Steven. The Contractual Nature of the Firm [J]. Journal of Law and Economics, 1983, 26: 1 – 21.

[124] Coase, R. H. The Nature of the Firm [J]. Economica, 1937, 4: 386 – 405.

[125] Coase, R. H. The Problem of Social Cost [J]. Journal of Lawand Economics, 1960, 3: 1 – 44.

[126] 杨小凯, 黄有光. 专业化与经济组织 [M]. 北京: 经济科学出版社, 1999.

[127] Lio, M. Three Assays on Increasing Returns and Specialization: A Contribution to New Classical Microeconomic Approach [D]. Ph. D. Dissertation, Department of Economic, the National Taiwan University, 1996.

[128] North. D. Structure and Change in Economic History [M]. New York: Norton & Company, 1981: 158 – 162.

[129] North, D. Institutions, Institutional Change and Economic Performance [M]. New York, Cambridge University Press, 1990.

[130] Mokyr, Joel. The Lever of Richs: Technological Creativity and Economic Progress [M]. New York, Oxford University Press, 1990.

[131] Mokyr, Joel (ed.). The British Industrial Revolution [R]. An Economic Perspective, Boulder, Westview Press, 1993.

[132] Samuelson, P. A. The Transfer Problem and the Transport Costs [J]. The Economic Journal, 1954, 64: 264 – 289.

[133] Krugman, P. Increasing Returns and Economic Geography [J]. Journal

of Political Economy, 1991, 99 (3): 483 –499.

［134］吕中楼. 新制度经济学研究［M］. 北京：中国经济出版社，2005：22.

［135］Williamson. O. E. Transaction Cost Economics Meets Posnerian Law and Economics［J］. Journal of Institutional Economics（JITE）149/1（1993），99 –118.

［136］Geoffrey M. Hodgson. Economics and institutions: A manifesto for a modern institutional economics［M］. University of Pennsylvania Press（Philadelphia），1988.

［137］Christos N. Pitelis, Anastasia N. Pseiridis. Transaction costs versus resource value?［J］. Journal of Economic Studies, 1999, Vol. 26 Iss: 3: 221 –248.

［138］Christos N. Pitelis, Roger Sugden. The nature of the transnational firm［M］. London: Routledge 11 New Fetter Lane, 1991.

［139］Hahn, Frank. Equilibrium with Transaction Costs［J］. Econometrica, 1971, 39 (3): 417 –439.

［140］Kurz, Mordecai. Arrow Debreu Equilibriumof an Exchange Economy with Transaction Costs［J］. International Economic Review, 1974, 15 (3): 699 – 717.

［141］杨小凯，张永生. 新兴古典经济学和超边际分析［M］. 北京：中国人民大学出版社，2002.

［142］杨小凯. 发展经济学——超边际与边际分析［M］. 北京：社会科学文献出版社，2003：49.

［143］赵红军. 新兴古典城市经济理论：一个审视中国城市化进程的独特视角［A］. 中国城市化：土地、农民与城市发展［C］. 北京：中国经济出版社，2004.

［144］杨小凯，张永生. 新兴古典发展经济学导论［J］. 经济研究，1999，7：67 –77.

［145］卢现祥. 流通领域中交易费用的初探［J］. 商业经济研究，1997，4.

［146］转引自李颋. 基于新兴古典经济学的交易效率述评［J］. 南京财经大学学报，2008，6：12 –16.

［147］Yang, Xiaokai and Robert Rice. An Equilibrium Model Endogenizing the Emergence of a Dual Structure between the Urban and Rural Sectors［J］. Journal of Urban Economics, 1994, 25 (3): 346 – 368.

［148］Sun, Guang Zhen and Yang, Xiaokai. Evolution in Division of Labor, Urbanization, and Land Price Differentials between the Urban and Rural Areas［R］. Harvard Institute for International Development Discussion Paper, 1998, No. 639.

［149］Shi, H. and X. Yang. A New Theory of Industrialization［J］. Journal of Comparative Economics, 1995, 20: 17 – 189.

［150］Fujita, Masahisa and Paul Krugman. When is the Economy Monocentric? Von Thunen and Chamberlin Unified［J］. Regional Science and Urban Economics, 1995, 25 (4): 505 – 528.

［151］赵红军、罗长远. 交易效率、城市化与经济发展——理论预测与经验证据［R］. 第四届中国经济学年会, 2004 年 11 月.

［152］保罗·克鲁格曼, 朱文晖. 萧条经济学的回归［M］. 王玉清, 译. 北京: 中国人民大学出版社, 1999.

［153］易纲, 樊纲. 关于中国经济增长与全要素生产率的理论思考［J］. 经济研究, 2003, 8: 13 – 20.

［154］林毅夫, 任若恩. 东亚经济增长模式相关争论的再探讨［J］. 经济研究, 2007, 8: 4 – 13.

［155］高帆. 交易效率的测度及其跨国比较: 一个指标体系［J］. 财贸经济, 2007, 5: 104 – 110.

［156］Word Bank. World Development Report 1994: Infrastructure for Development［R］. Newyok: Oxford University Press, for the World Bank.

［157］R. A. Musgrave. Fiscal Systems［M］. New Haven, CT and London: Yale University Press, 1969.

［158］W. W. Rostow. Politics and the Stages of Growth［M］. Cambridge: Cambridge University Press, 1971.

［159］Schultz Theodore W. Investment in Human Capital［J］. American Economic Review, 1961, Vol. 51, No. 1: 1 – 17.

［160］Becker, Gary Stanley. Human Capital: A Theoretical and Empirical Analysis, with Special Reference to Education［J］. New York: National Bureau of Economic Research: distributed by Columbia University Press, 1975. LB2321.

B2774 – B3469.

［161］Smith, Michael R. What is New in "New Structuralist" Analyses of Earnings［J］. American Sociological Review, 1990, 55: 827 – 845.

［162］Wright, Eric Olin. Class Structure and Income Determination［M］. New York: Academic Press, 1979.

［163］Eigen – Zucchi, C. The Measurement of Transaction Costs［D］. PhD. Dissertation, George Masm University, USA, 2001.

［164］Sen, Amartya. Development as Freedom［M］. New York: Alfred A. Knopf Publisher, 1999.

［165］胡耀邦. 全面开创社会主义现代化建设的新局面——在中国共产党第十二次全国代表大会上的报告［R］. 北京: 人民出版社, 1982.

［166］国家统计局编. 中国统计摘要（2009）［M］. 中国统计出版社, 2010.

［167］Fan, S. and X. Zhang. Infrastructure and Regional Economic Development in Rural China［J］. China Economic Review, 2004, 15: 203 –214.

［168］Röller, L. H. and L. Waverman. Telecommunications Infrastructure and Economic Development: A Simultaneous Approach［J］. American Economic Review, 2001, 91 (4).

［169］张国宝主编. 中国能源发展报告2009［R］. 国家能源局, 2009.

［170］Balazs, E., To masz, K. and Douglas, S. Infrastructure and Growth: Empirical Evidence［R］. Cesifo Working Paper, 2009, No. 2700.

［171］Charles, R. H., Esra, B. and Sylaja, S. Infrastructure, Externalities, and Economic Development: A Study of the Indian Manufacturing Industry［J］. World Bank Economic Review, 2006, 20 (2): 291 –308.

［172］樊纲, 王小鲁, 张立文, 等. 中国各地区市场化相对进程报告［J］. 经济研究, 2003, 3: 9 –18, 89.

［173］陈诗一, 张军. 中国地方政府财政支出效率研究: 1978 –2005［J］. 中国社会科学, 2008, 4: 65 –78.

［174］Bruno De Borger, Kristiaan Kerstens. Radial and Nonradial Measures of Technical Efficiency: An Empirical Illustration for Belgian Local Governments Using an FDH Reference Technology［J］. Journal of Productivity Analysis, vol. 7, 1996: 41 –62.

[175] Antonio Afonso, Ludger Schuknecht, Vito Tanzi. Public Sector Efficiency: An International Comparison [J]. Public Choice, 2005: 321 –347.

[176] 王小鲁，樊纲，刘鹏．中国经济增长方式转换和增长可持续性 [J]．经济研究，2009，1: 4 –16.

[177] 邓翔，李建平．中国地区经济增长的动力分析 [J]．管理世界，2004，11: 68 –76.

[178] 张军．资本形成、工业化与经济增长：中国的转轨特征 [J]．经济研究，2002，6: 3 –93.

[179] 林毅夫，潘士远，刘明兴．技术选择、制度与经济发展 [J]．经济学（季刊），2006，2: 695 –714.

[180] 刘小玄．中国转轨经济中的产权结构和市场结构——产业绩效水平的决定因素 [J]．经济研究，2003，1: 21 –29.

[181] 李富强，董直庆，王林辉．制度主导、要素贡献和我国经济增长动力的分类检验 [J]．经济研究，2008，4: 53 –65.

[182] 王玺，张勇．关于中国技术进步水平的估算——从中性技术进步到体现式技术进步 [J]．中国软科学，2010，4: 155 –163.

[183] Jefferson, Gary H., Rawski, Thomas G, Wang Li, and Zheng Yuxin. Ownership, Productivity Change, and Financial Performance in Chinese Industry [J]. Journal of Comparative Economics, 2000, 28: 786 –813.

[184] 胡鞍钢，郑京海．中国改革时期省际生产率增长变化的实证分析（1979 –2001 年）[J]．经济学（季刊），2005，2: 263 –296.

[185] 郑玉歆．全要素生产率的再认识——用 TFP 分析经济增长质量存在的若干局限 [J]．数量经济技术经济研究，2007，9: 3 –11.

[186] Chow, Gregory C, Li Kui – Wai. China's Economic Growth: 1952 – 2010 [J]. Economic Development and Cultural Change, 2002, 51: 247 –56.

[187] Wang, Yan and Yao, Yudong. Sources of China's Economic Growth, 1952 – 99: Incorporating Human Capital Accumulation [J]. China Economic Review, 2003, 1: 32 –52.

[188] 刘丹鹤，唐诗磊，李杜．技术进步与中国经济增长质量分析（1978 –2007）[J]．经济问题，2009，3: 30 –33, 93.

[189] Chen, K, H. Wang, Y. Zheng, G. Jefferson, and T. Rawski. Productivity Change in Chinese Industry: 1953 – 1985 [J]. Journal of Comparative Eco-

nomics, 1988, 12: 570 - 591.

[190] Dollar, D. Economic Reform and Allocative Efficiency in China's State Owned Industry [J]. Economic Development and Cultural Change, 1991, 39: 89 - 105.

[191] Groves, T. , Y. Hong, J. McMillan, and B. Naughton. Autonomy and Incentives in Chinese State Enterprises [J]. Quarterly Journal of Economics, 1994, 109: 183 - 209.

[192] Huang Y. and X. Meng. China's Industrial Growth and Efficiency: A Comparison between the State and the TVE Sectors [R]. Research School of Pacific Studies, Australian National University, manuscript.

[193] Sachs, J. and W. Woo. Understanding China's Economic Performance [R]. Working Paper 5935, NBER, Cambridge, MA02138, 1997.

[194] 黄勇峰, 任若恩. 中美两国制造业全要素生产率比较研究 [J]. 经济学 (季刊), 2002, 4: 161 - 180.

[195] 张军, 施少华. 中国经济全要素生产率变动: 1952 - 1998 [J]. 世界经济文汇, 2003, 2: 17 - 24.

[196] 李京文, 钟学义. 中国生产率分析前沿 [M]. 中国社会科学文献出版社, 1998.

[197] 郑玉歆. 全要素生产率的测度及经济增长方式的"阶段性"规律——由东亚经济增长方式的争论谈起 [J]. 经济研究, 1999, 5: 55 - 60.

[198] 易纲, 樊纲, 李岩. 关于中国经济增长与全要素生产率的理论思考 [J]. 经济研究, 2003, 8: 13 - 20, 90.

[199] 涂正革, 肖耿. 中国的工业生产力革命——用随机前沿生产模型对中国大中型工业企业全要素生产率增长的分解及分析 [J]. 经济研究, 2005, 3: 4 - 15.

[200] 王志刚, 龚六堂, 陈玉宇. 地区间生产效率与全要素生产率增长率分解 (1978 - 2003) [J]. 中国社会科学, 2006, 2: 55 - 67.

[201] 徐瑛, 陈秀山, 刘凤良. 中国技术进步贡献率的度量与分解 [J]. 经济研究, 2006, 8: 93 - 128.

[202] 刘伟, 张辉, 黄泽华. 中国产业结构高度与工业化进程和地区差异的考察 [J]. 经济学动态, 2008, 11.

[203] 吕冰洋, 余丹林. 中国梯度发展模式下经济效率的增进——基于

空间视角的分析 [J]. 中国社会科学, 2009, 6: 60 - 72.

[204] 岳书敬, 刘朝明. 人力资本与区域全要素生产率分析 [J]. 经济研究, 2006, 4: 90 - 96, 127.

[205] 郭庆旺, 赵志耘, 贾俊雪. 中国省份经济的全要素生产率分析 [J]. 世界经济, 2005, 5: 46 - 53.

[206] S. C. Kumbhakar and C. A. K. Lovell. Stochastic Frontier Analysis [M]. Cambridge University Press, 2000.

[207] 吕冰洋, 于永达. 要素积累、效率提高还是技术进步? ——经济增长的动力分析 [J]. 经济科学, 2008, 1: 16 - 27.

[208] Oded Galor and Daniel Tsiddon. Technological Progress, Mobility, and Economic Growth [J]. The American Economic Review, 1997: 363 - 382.

[209] Larry E. Jones, Rodolfo E. Manuelli. The Sources of Growth [J]. Journal of Economic Dynamics and Control, 1997, 21: 75 - 114.

[210] Kumar, S. and Russell, R. R. Technology Change, Technological Catch-up, and Capital Deepening: Relative Contributions to Growth and Convergence [J]. The American Review, 2002, 92: 527 - 548.

[211] 单豪杰. 中国资本存量 K 的再估算: 1952 - 2006 年 [J]. 数量经济技术经济研究, 2008, 10: 17 - 31.

[212] 王小鲁. 中国经济增长的可持续性与制度变革 [J]. 经济研究, 2000, 7: 3 - 15, 79.

[213] Herd, Richard, Sean Dougherty. Growth Prospects in China and India Compared [J]. The European Journal of Comparative Economics, 2007, 4: 65 - 89.

[214] 陈彦斌, 姚一旻. 中国经济增长的源泉: 1978 - 2007 年 [J]. 经济理论与经济管理, 2010, 5: 20 - 28.

[215] 徐现祥, 舒元. 中国省区经济增长分布的演进 (1978 - 1998) [J]. 经济学 (季刊), 2004, 3 (3): 619 - 638.

[216] 杨文举. 技术效率、技术进步、资本深化与经济增长: 基于 DEA 的经验分析 [J]. 世界经济, 2006, 5: 73 - 83.

[217] Kit - Chun Lam and Liu, Pak Wai. Specialization, Transaction Efficiency and Firm Size: Empirical Evidence [J]. Review of Development Economics, 2004, Vol. 8, No. 3: 413 - 422.

[218] James Roumasset. Rural Institutions, Agricultural Development, and

Pro-poor Economic Growth [J]. Asian Journal of Agriculture and Development, 2004, Vol. 1, No. 1: 61 –82.

[219] Colombatto, Enrico. On Economic Growth and Development [J]. The Review of Austrian Economics, 2006, Vol. 19, No. 4: 243 –260.

[220] 赵红军. 交易效率：一个衡量一国交易成本的新视角 [J]. 上海经济研究, 2005, 11: 3 –14.

[221] 赵红军, 尹伯成, 孙楚仁. 交易效率、工业化与城市化：一个理解中国转轨经济内生发展的模型及其经验证据 [J]. 经济学 (季刊), 2006, 5 (4): 1041 –1066.

[222] 骆永民. 交易效率、公共支出与经济增长 [J]. 广东商学院学报, 2007, 2: 25 –29, 44.

[223] 祁春节, 赵玉. 基于交易效率、分工和契约选择视角的农民增收问题研究 [J]. 经济评论, 2009, 5: 68 –75.

[224] 盖尔·约翰逊. 经济发展中的农业、农村、农民问题 (中译本) [M]. 林毅夫等, 译, 北京: 商务印书馆, 2004: 131.

[225] "中国城市劳动力流动" 课题组. 中国劳动力市场建设与劳动力流动 [J]. 管理世界, 2002, 3: 74 –79, 100.

[226] World Bank. Sharing Rising Incomes: disparities in China [R]. China 2020 series, 1997, Washington D. C.

[227] 李小平, 陈勇. 劳动力流动、资本转移和生产率增长——对中国工业 "结构红利假说" 的实证检验 [J]. 统计研究, 2007, 7: 22 –28.

[228] 胡鞍钢, 赵黎. 我国转型期城镇非正规就业与非正规经济 (1990 –2004) [J]. 清华大学学报 (哲学社会科学版), 2006, 3: 111 –119.

[229] 李实. 中国农村劳动力流动与收入增长和分配 [J]. 中国社会科学, 1999, 2: 16 –33.

[230] 王德文, 蔡昉. 如何避免城乡收入差距进一步扩大—— "十五" 期间农民收入变化趋势与政策建议 [J]. 农业经济问题, 2003, 2: 13 –18.

[231] 盛来运. 农村劳动力流动的经济影响和效果 [J]. 统计研究, 2007, 10: 15 –19.

[232] 刘易斯. 经济增长理论 [M]. 北京: 商务印刷馆, 2002: 246.

[233] Denison, E. F. Source of Postwar Growth in Nine Western Countries [J]. American Economic Reviews, 1967, 57 (2): 325 –332.

[234] Denison, E. F. The Contribution of Capital to Economic Growth [J]. American Economic Reviews, 1980, 70 (2): 220 – 224.

[235] Kaldor, N. Capital Accumulation and Economic Growth, in the Theory of Capital (edited by F. A. Lutz and D. C. Hague), Macmillan, London, 1961.

[236] 尹锋, 李慧中. 建设用地、资本产出比率与经济增长 [J]. 世界经济文汇, 2008, 2: 13 – 27.

[237] Romer, P. M. Increasing Returns and Long Run Growth [J]. Journal of Political Economy, 1986, 94: 1002 – 1037.

[238] 付强. 地区行政垄断、技术进步与粗放型经济增长——基于我国 1978 – 2006 年技术进步的实证测算 [J]. 经济科学, 2008, 5: 69 – 80.

[239] Wagner, Adolph (1883, 1890), "Finanzwissenschaft" (2nd and 3rd editions). Leipzig. (Partly reprinted in Classics) in the Theory of Public Finance (Eds) R. A. Musgrave and A. T. Peacock, MacMillan, London, 1958.

[240] Arrow, K & M. Kurz. Public Investment, the Rate of Return and Optional Fiscal Policy [M]. John Hopkin Press, 1970.

[241] Barro, R. J. Government spending in a simple model of endogenous growth [J]. Journal of Political Economy, 1990, (98): 103 – 125.

[242] Devarajan, S., Xie, D, and Zou, Heng-fu. Should Public Capital Be Subsidized or Provided [J]. Journal of Monetary Economics, 1998, 41: 319 – 331.

[243] Rati Ram. Government Size and Economic Growth: A New Framework and Some Evidence from Cross-section and Time-series Data [J]. The American Economic Review, Vol. 76, No. 1, 1986: 191 – 203.

[244] Aschauer, D. Is Government Spending Productive? [J]. Journal of Monetary Economics, 1989, 23: 177 – 200.

[245] Easterly, W., S. Rebelo., Fiscal policy and economic growth: An empirical investigation [J]. Journal of Monetary Economics, 1993, 32: 417 – 458.

[246] S. Devarajan, V. Swaroop & H. Zou. The Composition of Public Expenditure and Economic Growth [J]. Journal of Monetary Economics, 1996, (37): 313 – 344.

[247] Landau, Daniel. Government and Economic Growth in the Less Developed Countries: An Empirical Study for 1960 – 1980 Economic Development and Cultural Change [M]. University of Chicago Press, 1986, Vol. 35 (1): 35 – 75.

［248］庄腾飞. 公共支出与经济增长关系的新视角——基于省际面板数据的经验研究［J］. 财经科学，2006，11：45－52.

［249］Bougheas, S., P. O. Demetriades, and T. P. Mamuneas. Infrastructure, Specialization, and Economic Growth［J］. Canadian Journal of Economics, 2000, 33 (2): 506－522.

［250］范九利，白暴力. 基础设施投资与中国经济增长的地区差异研究［J］. 人文地理，2004，4：35－38.

［251］范九利，白暴力，潘泉. 我国基础设施资本对经济增长的影响——用生产函数法估计［J］. 人文杂志，2004，4：68－74.

［252］Randolph, S., Z. Bogetic, D. Hefley. Determinants of Public Expenditure on Infrastructure Transportation and Communication［R］. The World Bank Policy Research Working Paper: Washington D. C., 1996.

［253］Henisz, W. J. The Institutional Environment of Infrastructure Investment［J］. Industrial and Corporate Change, 2002, 11 (2): 355－389.

［254］Lucas, R. E. On the Mechanics of Economic Development［J］. Journal of Monetary Economics, 1988, 22: 3－42.

［255］Heckman, James J. China's Human Capital Investment［J］. China Economic Review, 2005, 16: 50－70.

［256］Zhuravskaya, Ekaterina, V. Incentives to Provide Local Public Goods: Fiscal Federalism, Russian Style［J］. Journal of Public Economics, 2000, 76: 337－368.